COMIDAS EN 15 MINUTOS

OTROS LIBROS DE JAMIE OLIVER

Fotografías de «Lord» David Loftus
Diseño de Interstate Associates
Cubierta de Superfantastic

COMIDAS EN 15 MINUTOS

RBA

TO MY WONDERFUL WIFE, JOOLS, AND OUR FOUR GORGEOUS, SWEET AND LOVING LITTLE MONSTERS — POPPY, DAISY, PETAL AND BUDDY. LOVE YOU. DAD XX

My babys

BUDD

HAPPY

First published in Great Britain in the English language
by Penguin Books Ltd

Título original: *Jamie's 15 Minute Meals*
© Jamie Oliver, 2012
© de la fotografía, David Loftus, 2012
© de la traducción, Jorge Rizzo, 2012
© de esta edición, RBA Libros, S.A., 2012
Diagonal, 189 - 08018 Barcelona
rbalibros.com

El autor certifica la autoría de esta obra.

Primera edición: noviembre de 2012

Impreso por Graphicom
Reproducción de color por Altaimage Ltd

Ref. RPRA097
ISBN: 978–84-1554-149-3

SENCILLO

PARA MÍ ES EMOCIONANTE QUE TE HAYAS QUERIDO ASOMAR AL MUNDO DE LAS *COMIDAS EN 15 MINUTOS*. LA PROMESA QUE TE HACE ESTE LIBRO ES SENCILLA: COMIDAS DELICIOSAS, NUTRITIVAS Y SUPERRÁPIDAS, DIVERTIDAS Y PERFECTAS PARA GENTE OCUPADA COMO TÚ O COMO YO.

MI RELACIÓN CONTIGO Y CON ESTOS LIBROS DE RECETAS ES INCREÍBLEMENTE IMPORTANTE: EN LOS ÚLTIMOS 10 AÑOS MÁS DE 30 MILLONES DE LECTORES HAN COMPRADO MIS LIBROS, Y NUNCA HE DADO POR SUPUESTO QUE EL SEGUIMIENTO SERÍA INCONDICIONAL. CON CADA LIBRO NUEVO SIENTO LA ENORME RESPONSABILIDAD DE IR MÁS ALLÁ Y DE DAROS ALGO EN LO QUE CREO, ALGO QUE ESPERO QUE OS ENCANTE, CON RECETAS SATISFACTORIAS A TODOS LOS NIVELES, Y ESTE LIBRO NO ES NINGUNA EXCEPCIÓN. HA SEGUIDO UN PLANTEAMIENTO CLARO DESDE EL PRINCIPIO, PORQUE NO SOLO QUIERO RESPONDER A LO QUE TODOS ME HABÉIS PEDIDO —PLATOS SABROSOS, RÁPIDOS Y ASEQUIBLES—, SINO QUE LO HAGO CON RECETAS EQUILIBRADAS Y NUTRITIVAS. **LA CREACIÓN DE ESTE LIBRO HA SUPUESTO UN GRAN CAMBIO Y UN GRAN DESAFÍO.**

NUTRITIVO
Y MUY DIVERTIDO

Como mi gran obsesión era conseguir que este fuera un libro de recetas que pudieras usar todos los días, y no solo en ocasiones especiales, era básico que las recetas fueran saludables y nutritivas. Así que he escrito y cocinado cada una de ellas en colaboración con mi fantástico equipo de nutricionistas, con Laura Parr a la cabeza. Ellos me han ayudado a no apartarme del camino, y han controlado el tamaño de las raciones. Eso ha permitido que las recetas de este libro tengan una media de 580 calorías por ración, lo cual es estupendo, porque encajan fácilmente en cualquier menú de uso diario. Es muy importante ir variando en la elección de los platos para que el cuerpo reciba nutrientes muy variados. Y lo más importante —dado que las calorías pueden ser un elemento de medición útil pero incompleto— es tener en cuenta que estas sabrosas recetas contienen gran cantidad de alimentos integrales, cereales, verduras, hierbas frescas, cítricos y proteínas de calidad.

Hay muchos días en que la velocidad es esencial, y ahí es donde entra en juego *Comidas en 15 minutos*. Este libro es básicamente una herramienta para ayudarte a cocinar platos rápidos, deliciosos y frescos para cualquier día de la semana. Por supuesto, las recetas clásicas y auténticas, a fuego lento, son el alma de cualquier recetario casero, pero este libro es la expresión de un compendio de sabores excitantes y deliciosos para gente ocupada y con poco tiempo.

Para desarrollar y redactar las recetas, diseñar las páginas, medir los tiempos y determinar los valores calóricos y nutritivos sin comprometer los sabores ha habido que trabajar mucho y muy duro. Hemos debatido sobre cada palabra, cada frase, y hemos analizado cada fase de cada una de las recetas para poder llegar a estos platos superrápidos y sabrosos. No os creeríais lo difícil que ha sido. He tenido que ser implacable, contenerme y sopesar cuidadosamente cada decisión que he tomado, desde la cantidad de ingredientes usados hasta el número de cazuelas en los fogones. Pero sin duda ha valido la pena, porque mi equipo y yo estamos contentísimos con el resultado final. Así que confiad en los esfuerzos que hemos realizado, y sabed que, si seguís mis instrucciones y disponéis del equipo básico necesario para ir rápido, podréis disfrutar de estas comidas sanas y sabrosas en vuestra propia casa, quizá hoy mismo.

Para idear estos platos me he inspirado en recetas de todo el mundo, y es innegable que el resultado es delicioso. Pero para mí lo mejor de todo es poder haber combinado grandes sabores, una velocidad increíble y unos ingredientes nutritivos, auténticos y fáciles de encontrar.

En última instancia, *Comidas en 15 minutos* es un planteamiento mental, y yo creo que, si le dais una oportunidad, acabará conquistándoos. Es un estilo de cocina divertido, dinámico y serio. Sí, las primeras veces que hagáis una receta quizá tardaréis un poco más, pero no pasa nada; no es una carrera. Estas estupendas recetas tienen un ritmo, cada una el suyo. Cuando lo asumáis y empecéis a coger el punto a los atajos y a los consejos que os doy, seguro que empezáis a obtener resultados en 15 minutos. Y, por supuesto, no se trata de que pueda hacerlo alguien como yo. Hemos puesto a prueba las recetas, dándoselas a probar a cocineros de todos los niveles, desde adolescentes y jubilados hasta mamás y papás muy atareados, y su respuesta coincide con la de mi equipo y la mía: positiva y entusiasta. Todos ellos me han ayudado a dar a las recetas la forma que tienen. Si ellos han podido hacerlo, tú también.

Los platos de este libro son sabrosos y originales, y encajan tanto en un piso de estudiantes como en el entorno de una familia con hijos.

Sé que hay quien piensa que sale mucho más caro cocinar comida de verdad que comida rápida, pero eso es una falacia; el precio medio de una comida sabrosa y equilibrada siguiendo las recetas de este libro es de unos 5 € por persona —y eso, usando ingredientes de una calidad estupenda—. En la mayoría de los casos, eso es mucho más barato que una comida preparada, para llevar, o que una ración de comida basura. Y si te acostumbras a organizar las compras de la semana y te habitúas a las técnicas de cocina que te propongo en *Comidas en 15 minutos*, tardarás incluso menos que en pasarte por un *fast food* con servicio de recogida en coche. Por supuesto, la comida preparada puede resultar útil de vez en cuando, pero estoy convencido de que este libro hará posible que, cada vez más, gente de todas las edades prefiera recurrir a platos de comida de verdad hechos por ellos mismos.

DELICIOSO

ASÍ QUE AQUÍ LO TENÉIS, CHICOS; ESTA ES LA FILOSOFÍA DE *COMIDAS EN 15 MINUTOS*: COMIDA RÁPIDA, SABROSA, ASEQUIBLE Y BUENA PARA EL CUERPO. ESPERO SINCERAMENTE QUE OS SEDUZCA, PORQUE YO ESTOY EMOCIONADÍSIMO. TODO VUESTRO: ADOPTAD LA FILOSOFÍA Y HACEDLA VUESTRA. BUENA SUERTE. SÉ QUE PODÉIS HACERLO.

15

IMPORTANTE
LA PRESENTACIÓN

Invertir en unas cuantas bandejas, tablas y ensaladeras es algo que forma parte de la esencia de *Comidas en 15 minutos*: se trata de un servicio familiar para compartir y relacionarse. A fin de cuentas, la comida estará estupenda la sirvas donde la sirvas, pero si la distribuyes en platos corrientes se va a perder toda la gracia. No hace falta una vajilla cara: hazte tus propias tablas con pintura apta para comida, como yo, o visita algún mercadillo y busca bandejas y ensaladeras antiguas. ¡Que vaya bien la caza!

MUY IMPORTANTE
CÓMO COCINAR RÁPIDO

Si quieres preparar estos sabrosos platos en 15 minutos necesitarás estos útiles, herramientas y accesorios de cocina. Si no, no podrás hacerlo en tan poco tiempo. No es una lista compleja y, a decir verdad, hoy en día todo esto puedes conseguirlo por poquísimo dinero. Un robot de cocina, una licuadora, una batidora de mano y un hervidor de agua (una *kettle*) son imprescindibles. Aunque la decisión es tuya. ¡Buena suerte!

Lista de utensilios

Un buen robot de cocina
Licuadora
Batidora de mano
Microondas
Hervidor de agua (kettle)

Plancha
Sartenes resistentes al horno
  (de unos 30/25/20 cm)
Cazuelas con tapa
  (de unos 25/20/15 cm)
Cestas de bambú para cocer al vapor
Bandejas de rustir altas y sólidas para el horno
Bandejas de horno grandes y antiadherentes

3 cuchillos de calidad
  (de chef/de oficio/de pan)
Tabla de cortar de plástico
Tablas de cortar de madera
Cuencos y ensaladeras
Colador grueso y colador fino

Mortero
Triturador de ajos
Pinzas
Espumadera
Cucharas de madera
Cuchara con agujeros
Espátula
Triturador de patata
Pelador

Rallador de caja
Rallador fino

Jarra medidora
Cucharas medidoras
Báscula
Abrelatas
Rodillo
Abrebotellas

Bandejas y tablas grandes y ensaladeras para servir

CÓMO SER DUEÑO DE TU COCINA

He visto muchas cocinas en mi vida, y la mala organización es un mal común. Eso te retrasará al cocinar, así que elimina atascos y saca de en medio cosas inútiles como esas revistas que se acumulan en la encimera y que no tienen nada que ver con la comida. En realidad es cuestión de sentido común: cualquier cosa que sirva para cocinar debe estar cerca del lugar donde cocinas y alrededor debes tener lo que usas con más frecuencia, sean recipientes para guardar cosas, cuchillos, cazuelas o incluso la nevera. Eso te permitirá trabajar rápida e instintivamente. Feliz operación de limpieza.

Despensa

Panadería y repostería: cacao en polvo, Maizena, coco seco, orejones, azúcar moreno, harina de uso común, copos de avena, agua de rosas, harina con levadura, vainilla en pasta.

Hierbas y especias: especias cajún, semillas de alcaravea, pimienta de Cayena, polvo de cinco especias chinas, canela en rama, semillas de comino, hojas de curry, eneldo, guindillas rojas secas, mostaza inglesa en polvo, semillas de hinojo, semillas de alholva, garam masala, pimienta de Jamaica, canela en polvo, clavo molido, cilantro molido, jengibre molido, hojas secas de lima kaffir (o combava), semillas de mostaza, nuez moscada, orégano, azafrán, chile chipotle o chile ancho ahumados, pimentón picante, dulce, tomillo, cúrcuma.

Pasta seca: farfalle, fettucine, fusilli, linguine, macarrones, orecchiette, penne, caracolas, espaguetis, fusilli y espaguetis integrales, fideos al huevo, fideos finos de arroz.

Mermeladas y similares: mermelada de moras, mermelada de arándanos, mantequilla de cacahuete, miel suave.

Conservas: rábano picante rallado, tomate natural triturado, limones en conserva, pimientos rojos en conserva, tomates secados al sol en aceite.

Mostazas: de Dijon, inglesa, con grano.

Semillas y frutos secos: almendras, avellanas blanqueadas, nueces de Brasil, anacardos, piñones, cacahuetes pelados, pistachos pelados, pipas de calabaza, semillas de sésamo, nueces peladas, pipas de girasol.

Aceites: de oliva extra virgen, vegetal, de sésamo, a la trufa.

Pastas: harissa, miso en pasta o en polvo, de curry Patak's (korma, rogan josh, tikka), olivada al tomate secado al sol, tomate concentrado.

Encurtidos y verduras en conserva: coliflor, pepinillos, jengibre, jalapeños, col lombarda.

Arroz, cereales y legumbres: arroz basmati, bulgur de trigo, cuscús, Maizena, quinoa, arroz integral de cocción rápida, arroz integral salvaje precocido.

Salsas: de frijoles negros, hoisin, de guindilla picante, HP, de guindilla Lingham's, de soja baja en sal, de menta, mayonesa, de guindilla dulce, Tabasco, teriyaki, kétchup, Worcestershire.

Comida enlatada: filetes de anchoa, garbanzos, tomate troceado, leche de coco, judías variadas, piña en trozos, lentejas, castañas.

Vinagres: balsámico, de vino tinto, de arroz o de vino blanco, de jerez.

Varios: cubitos de caldo de pollo y de verduras, bolsitas de té verde.

TU DESPENSA

Esta es mi lista de la compra para una despensa bien provista. Estos ingredientes son una buena inversión en sabor. Una vez los tienes en los estantes, siempre están ahí disponibles, esperando a que los uses para animar tus platos. Y casi todos son no perecederos. Si quieres, puedes visitar *www.jamieoliver.com/15pantrylist*, donde encontrarás la lista en un formato que podrás imprimir o consultar fácilmente en línea, para que puedas ir comprobando lo que necesitas la próxima vez que hagas la compra.

En lo referente a ingredientes frescos, si te lo pues permitir, yo recomiendo recurrir a alimentos de calidad y de producción sostenible cuando compres huevos, carne, pescado, mayonesa, cubitos de caldo, pasta al huevo y fideos. Si lo haces, en la mayoría de casos la recompensa será un mayor sabor, y te sentirás mejor cuando pienses en el impacto que tienes en el mundo.

POLLO

DIM SUM DE POLLO

BOLLITOS DE COCO, PEPINO ENCURTIDO Y SALSA HOISIN

4 RACIONES | 795 CALORÍAS

Bollitos de coco

1 lata de 400 g de leche de coco

2 medidas de harina con levadura
(usando la lata vacía), y más
harina para espolvorear

Pollo, encurtidos y decoración

2 pechugas de pollo de 200 g sin piel

140 g de setas variadas

3 cucharaditas de salsa hoi sin, y un
poco más para servir

2 limas

200 g de broccolini (brécol de tallos
tiernos)

1 pepino

1 cucharadita de salsa de soja baja
en sal

1 cucharadita de vinagre de arroz o
de vino blanco

½ manojo de cilantro fresco

3 cucharaditas de semillas de
sésamo

1 paquete de jengibre en conserva
de 105 g

1 o 2 guindillas rojas

Ingredientes preparados • *Agua hirviendo* • *Robot de cocina (con la hoja de batir)* • *16 moldes de magdalena antiadherentes* • *Dos cestas de bambú de 25 cm para cocer al vapor* • *Wok, a fuego medio-alto* • *Sartén pequeña, a fuego suave.*

PONTE A COCINAR

Echa la leche de coco en el recipiente del robot con dos medidas de harina con levadura (usando la lata vacía como medida) y un buen pellizco de sal, bate hasta obtener una masa y luego ponla sobre una encimera espolvoreada con harina. Amasa hasta obtener una salchicha de masa, córtala en ocho trozos iguales y coloca cada uno en un molde para magdalena de doble capa. Métetelos todos en una de las cestas de bambú • Vierte 5 cm de agua hirviendo en el wok, pon la cesta encima con su tapa y deja cocer al vapor.

Corta el pollo en tiras de 1 cm y ponlas en un cuenco con las setas troceadas irregularmente, la salsa hoi sin, el zumo de ½ lima y un pellizco de sal • Métetelo en la segunda cesta, junto a los broccolini troceados, y coloca la cesta bajo la de los bollitos 5 minutos más, hasta que se cueza todo bien • Corta el pepino con un pelador para obtener cintas, échalas en un cuenco con la salsa de soja, el vinagre y unas hojas de cilantro y, con las manos limpias, amásalo todo para obtener un encurtido.

Tuesta las semillas de sésamo en la sartén hasta que estén doradas y luego échalas en un cuenco pequeño; corta la lima y media restantes en cuñas y sírvelo todo en platillos con el jengibre en conserva y el resto de salsa hoi sin • Sirve los bollos y el pollo en las cestas, espolvoreando por encima las hojas de cilantro restantes y las guindillas muy picadas.

POLLO TIKKA

ENSALADA DE LENTEJAS, ESPINACAS Y PAN NAAN

4 RACIONES | 607 CALORÍAS

*Ingredientes preparados • Plancha, a fuego vivo •
Sartén pequeña, a fuego medio • Licuadora*

Pollo

2 pechugas de pollo de 200 g sin
piel
2 cucharaditas colmadas de pasta
tikka de Patak's
4 champiñones

Ensalada

4 cebolletas
1 guindilla fresca
1 cucharadita colmada de semillas
de mostaza
½ cucharadita de semillas de comino
aceite de oliva
1 paquete de 250 g de lentejas de
Puy cocidas
1 tomate maduro
1 manojo de cilantro fresco
2 limones
4 cucharadas de yogur natural
desnatado
1 cucharada colmada de anacardos
1 cucharada colmada de chutney de
mango
1 cucharadita de cúrcuma
2 panes naan
200 g de espinacas baby
½ pepino
1 zanahoria
30 g de queso feta

PONTE A COCINAR

Pon el pollo sobre una hoja grande de papel de horno, y aderézalo con la sal, la pimienta y la pasta tikka • Pliega el papel y pasa un rodillo de cocina por encima para aplanar el pollo hasta obtener un grosor de 1,5 cm • Ponlo sobre la plancha con los champiñones cortados por la mitad y dale la vuelta a los 3 o 4 minutos, para que te quede bien hecho • Corta el sobrante de las cebolletas y córtalas en rodajas finas; corta también en rodajitas media guindilla.

Echa las semillas de mostaza y el comino en la sartén y saltéalo con 2 cucharadas de aceite; a continuación incorpora la cebolleta y la guindilla cortadas • Añade las lentejas, el tomate chafado, un pellizco de sal y pimienta y un chorrito de vinagre de vino tinto • Deja pasar un par de minutos, removiendo de vez en cuando, y luego apaga el fuego • Pasa las ramitas de cilantro por la licuadora con el zumo de un limón, el yogur, los anacardos, el chutney de mango y la cúrcuma hasta obtener una mezcla fina.

Retira el pollo y los champiñones de la plancha y pon el pan naan en la sartén • Coloca las espinacas baby en un plato o una bandeja, echa las lentejas por encima, corta el pepino y la zanahoria a tiras finas con el pelador y échalas por encima con el queso feta y el aliño • Decora con las hojas de cilantro y unas cuñas de limón.

POLLO CAJÚN PICANTE
PURÉ DE BONIATO Y SALSA DE MAÍZ

4 RACIONES | 651 CALORÍAS

Ingredientes preparados • Agua hirviendo • Plancha bien caliente • Robot de cocina (con accesorio para cortar lonchas finas) • Cazuela con tapa, a fuego vivo • Sartén grande, a fuego medio

Salsa

4 mazorcas de maíz
1 puñadito de cilantro fresco
1 guindilla roja fresca
4 cebolletas
3 tomates maduros
2 limas
1 cucharada de aceite de oliva extra virgen

Puré

800 g de boniatos
2 cucharadas de salsa de guindilla dulce

Pollo

4 pechugas de pollo de 120 g sin piel
1 cucharada de especias cajún
1 cucharada de polenta
aceite de oliva
2 tiras de beicon ahumado
175 g de okra
20 g de queso feta

PONTE A COCINAR

Pon el maíz en la plancha y ve dándole la vuelta para que se tueste • Lava los boniatos, elimina los trozos de piel dura con un pelador y córtalos en rodajas finas con el robot • Échalos en la cazuela y cúbrelos con agua hirviendo ligeramente salada. Tápalo • Pon el pollo sobre una hoja grande de papel de horno y aderézalo con la sal, las especias cajún y la polenta • Pliega el papel y pasa el rodillo por encima, aplanando el pollo hasta obtener un grosor de 1,5 cm.

Pon el pollo en la sartén y fríelo con 2 cucharadas de aceite de oliva, dándole la vuelta a los 3 o 4 minutos para que quede dorado y bien hecho • Escurre bien los boniatos cocidos, vuelve a echarlos en la cazuela y machácalos, añadiendo la salsa de guindilla dulce. Vuelve a tapar la cazuela y deja cocer a fuego muy lento • Corta el beicon en tiras e incorpóralas a la sartén • En cuanto el beicon empiece a ponerse crujiente, añade las okra.

Sostén las mazorcas con cuidado y ve pasando un cuchillo por los lados para sacar los granos; ponlos en un cuenco • Trocea las hojas del cilantro e incorpóralas al maíz • Corta la guindilla y la cebolleta en rodajas muy finas, pica bien los tomates e incorpóralo todo al cuenco con un pellizco de sal, el zumo de lima y el aceite de oliva extra virgen; mezcla bien • Sirve el puré de boniato en un plato con el pollo y las okra, echa el queso feta a trozos por encima y la salsa fresca al lado, como acompañamiento.

ENSALADA DE POLLO
INCREÍBLEMENTE DELICIOSA

4 RACIONES | 557 CALORÍAS

Ingredientes preparados • Agua hirviendo • Cazuela mediana, a fuego vivo
Sartén, a fuego vivo • Plancha, a fuego vivo

Ensalada

1 brécol
4 pechugas de pollo de 120 g sin piel
1 cucharadita colmada de cilantro
 molido
aceite de oliva
1 taza (300 g) de bulgur de trigo
2 limones en conserva
1 manojo de rábanos
2 cebolletas
½ manojo de menta fresca
2 cucharadas de aceite de oliva
 extra virgen
3 cucharadas de vinagre de vino
 tinto
2 cucharadas de pipas de girasol
1 cestita de berros

Para servir

4 cucharadas de yogur natural
 desnatado
2 cucharaditas de harissa
1 limón

PONTE A COCINAR

Llena la cazuela con agua hirviendo y échale un poco de sal • Recorta el extremo del tallo del brécol y ve cortando las cabezuelas de brécol; échalas en la cazuela, tápala y ponlas a hervir 4 minutos • Pon el pollo sobre una hoja grande de papel de horno, y aderézalo con la sal, la pimienta y el cilantro molido, pliega el papel y pasa el rodillo por encima del pollo para aplanarlo hasta obtener un grosor de 1,5 cm • Ponlo en la sartén con 2 cucharadas de aceite de oliva, y dale la vuelta a los 3 o 4 minutos, hasta que quede dorado y bien hecho.

Con unas pinzas, ve sacando y escurriendo el brécol (dejando el agua en la cazuela al fuego) y ponlo sobre la plancha hasta que quede marcado • Echa 1 taza de bulgur de trigo y los limones en conserva en el agua del brécol y tapa la cazuela, removiendo ocasionalmente • Corta los rábanos por la mitad o a trozos, las cebolletas a rodajas finas y las hojas de la menta a trocitos; échalo todo en un cuenco y mézclalo con el aceite de oliva virgen y el vinagre; sazona al gusto.

Escurre el bulgur de trigo y colócalo en un cuenco grande para servir; luego pica los limones en conserva y añádelos, y pon el brécol encima • Echa las pipas de girasol en la sartén del pollo; corta el pollo y añádelo a la ensalada; luego esparce las pipas por encima y también los berros • Acompaña la ensalada con el yogur y la harissa y decora con cuñas de limón.

FAJITAS DE POLLO A LA PLANCHA
PIMIENTO, SALSA, ARROZ Y FRIJOLES

4 RACIONES | 610 CALORÍAS

Ingredientes preparados • Agua hirviendo • Licuadora • Plancha, a fuego vivo • Sartén mediana, a fuego medio • Cazuela grande, a fuego medio

Salsa
1 chile chipotle o 1 chile ancho
  ahumado seco
2 cebolletas
1 tomate maduro grande
½ manojo de cilantro fresco
1 guindilla roja fresca
2 limas
1 cucharaditas de vinagre balsámico
1 cucharada de salsa de soja

Fajitas
2 pimientos de colores diferentes
1 cebolla roja
1 pechugas de pollo de 200 g sin piel
1 cucharadita colmada de pimentón
  dulce, y un poco más para decorar
aceite de oliva

Arroz y frijoles
1 lata de 400 g de frijoles variados
½ cucharadita de semillas de
  comino
1 guindilla roja fresca
250 g de arroz integral cocido
1 limón

Para servir
4 tortillas integrales de trigo
4 cucharadas de yogur desnatado
20 g de queso feta

PONTE A COCINAR

Trocea el chile seco y échalo en la licuadora, cubriéndolo apenas con agua hirviendo para rehidratarlo • Recorta las cebolletas e incorpóralas al recipiente de la licuadora con el tomate, los tallos de cilantro, la guindilla fresca, el zumo de una lima, el vinagre balsámico y la salsa de soja, tapa y deja que repose • Quita los tallos y las semillas a los pimientos, trocéalos y ponlos a asar en la plancha • Pela y trocea la cebolla roja y añádela a la plancha, sazonada con sal y pimienta.

Pon el pollo sobre una hoja grande de papel de horno y aderézalo con sal, pimienta y pimentón • Pliega el papel, pasa el rodillo por encima y aplana el pollo hasta que tenga un grosor de 1,5 cm • Ponlo en la sartén con 1 cucharada de aceite y fríelo hasta que quede dorado y bien hecho, dándole la vuelta a los 3 o 4 minutos • Lava y escurre los frijoles; luego échalos en la cazuela grande con 1 cucharada de aceite, las semillas de comino y la guindilla fresca entera • Fríelos un par de minutos, removiendo de vez en cuando, hasta que la piel quede crujiente.

Pon en marcha la licuadora hasta obtener una mezcla homogénea y luego viértela en un cuenco • Incorpora el arroz y el zumo de un limón a la cazuela de los frijoles para que se caliente • Pasa las verduras a la plancha a una tablilla y calienta un poco las tortillas en la plancha • Corta el pollo a tiras y sírvelo con las verduras a la plancha, el arroz, los frijoles y las cuñas de lima • Echa el yogur sobre las verduras y el queso feta a trozos, y esparce las hojas de cilantro por encima.

POLLO CON GARRA

ENSALADA DE SANDÍA Y RÁBANO Y FIDEOS CRUJIENTES

Ensalada

200 g de fideos finos de arroz
aceite de sésamo
800 g de sandía
2 cogollos
1 manojo de rábanos
½ manojo de menta fresca
½ manojo de cilantro fresco

Pollo

8 muslos de pollo deshuesados y
  sin piel
1 cucharada de polvo de cinco
  especias chino
aceite de oliva
2 cucharadas de salsa de guindilla
  dulce
2 cucharadas de semillas de
  sésamo

Aliño

2 cucharadas de salsa de soja baja
  en sal
1 cucharada de salsa de pescado
½ o 1 guindilla roja fresca
1 trozo de jengibre fresco de 1 o 2 cm
2 cebolletas
2 limas
1 diente de ajo pequeño

*Ingredientes preparados • Agua hirviendo • Sartén grande, a fuego vivo •
Sartén mediana, a fuego medio • Licuadora*

PONTE A COCINAR

Pon los fideos en remojo en un cuenco con agua hirviendo • Pon el pollo
sobre una hoja grande de papel de horno, y aderézalo con sal, pimienta y el
polvo de cinco especias • Pliega el papel, pasa el rodillo por encima y aplana
el pollo hasta que tenga un grosor de 1,5 cm • Ponlo en una sartén grande
con una cucharada de aceite de oliva y fríelo, dándole la vuelta cada 3 o 4
minutos, hasta que quede dorado y bien hecho • Escurre los fideos, échales una cucharada de aceite de oliva, remuévelos bien y sírvelos en una
bandeja grande • Echa una cuarta parte de los fideos en una sartén mediana y saltéalos hasta que queden crujientitos.

Quítale la piel a la sandía, corta la pulpa en trozos irregulares y añádelos a la
bandeja • Limpia los cogollos y córtalos en cuñas pequeñas, corta los rábanos por la mitad, trocea la mitad superior de los tallos de menta y la punta
de los tallos de cilantro (en ambos casos con sus hojas) y échalo por encima
• Mete los tallos de cilantro en la licuadora con la salsa de soja y la de pescado, la guindilla, el jengibre pelado, las cebolletas limpias, un chorro de
agua, una cucharada de aceite de sésamo y el zumo de lima • Machaca el
ajo sin pelar y añádelo a la mezcla • Bátelo todo hasta obtener una salsa
homogénea.

Elimina el exceso de grasa de la sartén del pollo y vuelve a ponerla al fuego,
echa la salsa de guindilla dulce e incorpora las semillas de sésamo • Echa el
aliño sobre la ensalada y remuévela suavemente con los dedos hasta que
quede bien aliñada; luego echa por encima los fideos crujientes • Pasa el
pollo a una tabla y sírvelo decorado con unas hojas de cilantro troceadas por
encima.

POLLO MEXICANO

CON UN MOLE GAMBERRO, ARROZ Y VERDURAS

Pollo con arroz y verduras

2 zanahorias

2 cebolletas

2 cubitos de caldo de pollo

1 pimiento rojo

2 lonchas de beicon ahumado

un par de ramitas de tomillo fresco

1 taza (300 g) de arroz integral o
    basmati de cocción rápida

4 pechugas de pollo de 120 g sin
    piel

175 de okra

100 g de guisantes congelados

Salsa mole

3 cebolletas

2 dientes de ajo

½ guindilla roja fresca

1 chile chipotle o 1 chile ancho
    ahumado seco

1 pellizco de semillas de comino

1 cucharada colmada de
    mantequilla de cacahuete suave

30 g de chocolate negro
    (70% cacao)

1 cucharadita colmada de cacao en
    polvo

un trozo de plátano de 2,5 cm

1 limón

Ingredientes preparados • *Agua hirviendo* • *Cazuela grande con tapa, a fuego medio* • *Cazuela mediana, a fuego medio* • *Licuadora* • *Sartén mediana, a fuego suave*

PONTE A COCINAR

Limpia las cebolletas y córtalas en rodajas finas, al igual que las zanahorias; ponlas ambas en la cazuela grande con 500 ml de agua hirviendo y los cubitos de caldo desmenuzados • Quita las semillas al pimiento, córtalo en 8 trozos y añádelo al caldo, con el beicon y el tomillo, y tapa la cazuela • Echa 1 taza de arroz y 2 tazas de agua hirviendo en la cazuela mediana, con un pellizco de sal, y tápala; remueve de vez en cuando.

Limpia las cebolletas, pela el ajo y echa ambos, con los chiles, las semillas de comino, la mantequilla de cacahuete, un chorrito de agua hirviendo, sal y pimienta en la licuadora, y bátelo todo hasta obtener una salsa fina • Échala en al sartén, dale un hervor y deja que cueza suavemente • Añade el pollo, las okra y los guisantes a la cazuela grande hasta que el pollo esté bien cocido y vuelve a taparla.

Saca la salsa de la sartén con una espátula y vuelve a echarla en la licuadora, añadiendo el chocolate, el cacao, el plátano y el zumo de limón • Bátelo todo y sazona hasta obtener una salsa suave y sedosa increíble • Escurre el arroz, corta el pollo en tiras finas y sírvelo acompañado de las verduras, la salsa de mole y el caldo.

ESPLÉNDIDO POLLO GRIEGO CUSCÚS VEGETAL Y TZATZIKI

4 RACIONES | 683 CALORÍAS

Ingredientes preparados • Agua hirviendo • Sartén grande, a fuego medio • Robot de cocina (con la hoja de batir)

Cuscús

1 taza (300 g) de cuscús
2 pimientos de colores diferentes
1 guindilla roja fresca
4 cebolletas
½ manojo de eneldo fresco
200 g de guisantes frescos o
    congelados sin vaina
1 puñadito de aceitunas negras
    (con hueso)
2 cucharadas de aceite de oliva
    extra virgen
40 g de queso feta

Pollo

2 pechugas de pollo de 200 g
    deshuesadas
1 cucharadita colmada de orégano
    seco
1 cucharadita de pimienta de
    Jamaica molida
1 limón
aceite de oliva

Tzatziki

½ pepino
250 g de yogur natural desnatado
½ limón
½ manojo de menta fresca

PONTE A COCINAR

Pon una taza de cuscús y 2 tazas de agua hirviendo en un bol con un pellizco de sal y tápalo • Pon el pollo sobre una hoja grande de papel de horno, y aderézalo con la sal, la pimienta, el orégano, la pimienta de Jamaica y la ralladura del limón • Pliega el papel y aplasta el pollo con el rodillo hasta dejarlo con un grosor de 1,5 cm • Ponlo en la sartén con 2 cucharadas de aceite de oliva y fríelo, dándole la vuelta cada 3 o 4 minutos, hasta que quede dorado y bien hecho.

Usando los orificios gruesos de un rallador, ralla el pepino • Échale un buen pellizco de sal y luego apriétalo con las manos limpias para eliminar el exceso de agua salada • Échalo en un cuenco con el yogur, el zumo de ½ limón, un pellizco de pimienta y las hojas de la menta bien picadas, y mézclalo todo bien • Quita los tallos y las semillas a los pimientos y la guindilla y pásalos por la batidora con la cebolleta y el eneldo hasta que quede todo bien picado • Espárcelo sobre una bandeja o un plato grande.

Añade los guisantes a la mezcla de verduras (si usas guisantes congelados, ponlos antes un par de minutos en agua hirviendo), quítales el hueso a las olivas y pártelas en trozos, añádelas y rocíalo todo con el zumo del limón sin piel y el resto de aceite de oliva extra virgen • Escurre el cuscús, échalo encima, remuévelo todo bien y sazona al gusto • Pasa el pollo frito a una tabla, córtalo a lonchas y colócalo alrededor del cuscús • Echa el queso feta troceado por encima y acompáñalo todo con el tzatziki.

POLLO AL ROMERO
POLENTA Y SALSA DE TOMATE CON PORCINI

4 RACIONES | 455 CALORÍAS

Ingredientes preparados • Agua hirviendo • Licuadora • Cazuela mediana con tapa, a fuego medio • Plancha, a fuego vivo • Sartén, a fuego medio

Salsa
1 puñado de funghi porcini (setas calabaza o ceps)
400 g de tomates de rama maduros
1 cucharada colmada de tomate natural triturado
½ guindilla roja fresca
1 puñado de albahaca fresca
2 dientes de ajo

Pollo y polenta
500 g de polenta preparada
aceite de oliva
1 puñado de espárragos (300 g)
2 pechugas de pollo de 200 g sin piel
unas ramitas de romero fresco
½ cucharada de semillas de hinojo
20 g de queso parmesano
4 tiras de panceta ahumada
150 g de champiñones
200 g de espinacas baby
vinagre balsámico

PONTE A COCINAR

Echa los porcini en la licuadora con 150 ml de agua hirviendo, los tomates, el tomate triturado, la guindilla, la albahaca y el ajo machacado sin pelar y bátelo todo hasta obtener una salsa homogénea • Échala en la cazuela mediana y ponla a cocer 8 minutos, removiendo de vez en cuando • Corta la polenta en 8 trozos, frótala con sal, pimienta y una cucharada de aceite y ponla sobre la plancha, dándole la vuelta a medida que se dore y colocando los espárragos limpios sobre la polenta para que se cuezan al vapor.

Pon el pollo sobre una hoja grande de papel de horno, y aderézalo con la sal, la pimienta, las hojas de romero, las semillas de hinojo y el parmesano rallado • Pliega el papel y pasa un rodillo de cocina por encima para aplanar el pollo hasta obtener un grosor de 1,5 cm • Ponlo en la sartén con una cucharada de aceite y fríelo, dándole la vuelta cada 3 o 4 minutos, hasta que quede dorado y bien hecho • Incorpora la panceta y los champiñones a la sartén cuando le des la vuelta al pollo.

Sazona la salsa al gusto, échala en el fondo de la bandeja y coloca encima los trozos de polenta y los espárragos • Pasa el pollo, la panceta y los champiñones a una tabla mientras salteas rápidamente las espinacas en la sartén • Sazona las espinacas al gusto y pásalas a la bandeja • Corta el pollo en lonchas y disponlo por encima, con la panceta y las setas • Echa un chorrito de vinagre balsámico por encima del conjunto.

ENSALADA TIBIA DE HÍGADOS DE POLLO
PEQUEÑOS «RAREBITS» GALESES

Ingredientes preparados • Horno con el gratinador al máximo • Robot de cocina (con accesorio para cortar lonchas finas) • Sartén grande, a fuego medio

«Rarebits»

1 chapata
100 g de queso cheddar
4 cucharadas de yogur natural
　desnatado
2 cucharaditas de mostaza con
　grano
1 cucharada de salsa Worcestershire
Tabasco

Ensalada

1 cebolla roja pequeña
½ pepino
1 zanahoria
1 limón
2 cucharadas de aceite de oliva
½ manojo de perejil de hoja lisa
200 g de hojas de ensalada variadas
50 g de brotes de alfalfa
vinagre balsámico
10 g de queso feta

Hígados

2 lonchas de beicon ahumado
aceite de oliva
400 g de hígados de pollo limpios
2 ramitas de romero fresco
1 cucharadita de mermelada de
　naranja
125 ml de marsala
2 cucharadas de yogur desnatado

PONTE A COCINAR

Corta la chapata en 8 rodajas gruesas • Ponlas en una bandeja de horno grande y tuéstalas por ambos lados bajo el gratinador • Luego ralla el queso cheddar en un cuenco y mézclalo con el yogur, la mostaza, la salsa Worcestershire y unas gotas de Tabasco • Pon la mezcla a cucharadas sobre las tostadas y vuelve a meterlas en el horno, a una altura intermedia • Gratínalas y retíralas cuando estén doradas y crujientes (no las pierdas de vista).

Pela la cebolla, córtala a rodajas finas con el robot; corta también a rodajas el pepino y la zanahoria • Pon las tres verduras a rodajas en un cuenco, echa un chorro de zumo de limón por encima, añade el aceite de oliva extra virgen y sazona con sal y pimienta; luego echa por encima la mitad de las hojas de perejil a trozos • Pon la sartén, a fuego vivo, corta el beicon en tiras y échalas en la sartén con una cucharada de aceite de oliva, los hígados de pollo y las hojas de romero • Saltéalo todo 3 minutos, removiendo de vez en cuando; sazona con sal y pimienta, añade la mermelada y el marsala, flambéalo encendiéndolo con cuidado con una cerilla (si quieres), deja que el fuego se consuma y sigue salteando hasta que quede pegajoso • Retíralo del fuego y mézclalo con el yogur.

Mezcla las hojas de ensalada y los brotes de alfalfa con las verduras a rodajas aliñadas, añade un chorrito de vinagre balsámico y extiéndelo todo sobre una bandeja grande • Echa encima el queso feta troceado y dispón los «rarebits» por los bordes • Sirve la ensalada con la cazuela de higadillos de pollo al lado.

POLLO LAKSA TAILANDÉS
SOPA DE FIDEOS Y CALABAZA SEMIPICANTE

Ingredientes preparados • *Agua hirviendo* • *Plancha, a fuego vivo* • *Cazuela grande, a fuego vivo* • *Robot de cocina (con la hoja de batir y accesorio rallador grueso)*

Pollo

4 muslos de pollo deshuesados y sin piel

1 cucharadita colmada de polvo de cinco especias chino

1 cucharada de miel ligera

1 cucharada de semillas de sésamo

1 guindilla roja fresca

Laksa

1 cubito de caldo de pollo o de verduras

1 calabaza alargada (solo el «cuello», la parte cilíndrica)

2 dientes de ajo

1 trozo de jengibre de unos 4 cm

1 guindilla roja fresca

1 cucharadita de cúrcuma

½ manojo de cebolletas

1 cucharadita colmada de mantequilla de cacahuete

4 hojas secas de lima kaffir

½ manojo de cilantro fresco

1 cucharada de aceite de sésamo

1 cucharada de salsa de soja baja en sal

1 cucharada de salsa de pescado

300 g de fideos de arroz medianos

2 manojos de espárragos (600 g)

1 lata de 400 g de leche de coco

3 limas

PONTE A COCINAR

Pon el pollo sobre una hoja grande de papel de horno, y aderézalo con la sal, la pimienta y el polvo de cinco especias • Pliega el papel y pasa un rodillo de cocina por encima para aplanar el pollo hasta obtener un grosor de 1,5 cm • Ponlo a freír sobre la plancha, dándole la vuelta cada 3 o 4 minutos, hasta que quede marcado y bien cocido • Pon unos 800 ml de agua hirviendo en la cazuela grande y echa dentro el cubito de caldo desmenuzado.

Corta el tallo de la calabaza, trocea burdamente la parte del cuello (no lo peles, y guarda la parte donde se encuentran las semillas para otro día), ralla la pulpa e incorpórala al caldo • Cambia el accesorio del robot, convirtiéndolo en batidora, y echa en el recipiente el ajo y el jengibre pelados, la cúrcuma, las cebolletas limpias, la mantequilla de cacahuete, las hojas de lima secas, los tallos del cilantro (reserva las hojas), el aceite de sésamo y las salsas de soja y de pescado • Bate hasta obtener una pasta; viértela en el caldo y añade los fideos.

Quítales el extremo duro a los espárragos y córtalos por la mitad • Incorpóralos a la cazuela, añade la leche de coco y, en cuanto hierva, pruébalo, corrige el aderezo con salsa de soja y zumo de lima y luego apaga el fuego • Vierte la miel sobre el pollo a la plancha, rocíalo con el zumo de una lima, esparce las semillas de sésamo por encima y rebózalo para que se peguen • Sirve el pollo con el laksa y las cuñas de lima, decorando el conjunto con las hojas de cilantro y la guindilla fresca cortada a rodajitas.

POLLO NEGRO
ENSALADA DE QUINOA DE SAN FRANCISCO

4 RACIONES | 617 CALORÍAS

Ingredientes preparados • Agua hirviendo • Cazuela mediana, a fuego medio •
Robot de cocina (con la hoja de batir) • Sartén grande, a fuego vivo

Ensalada de quinoa

1 taza (300 g) de quinoa

1 guindilla fresca, roja o amarilla

100 g de espinacas baby

4 cebolletas

1 manojo de cilantro fresco

1 manojo de menta fresca

1 mango grande maduro

2 limas

1 cucharadas de aceite de oliva
extra virgen

1 aguacate maduro

50 g de queso feta

1 cestita de berros

Pollo

2 pechugas de pollo de 200 g sin
piel

1 cucharadita colmada de pimienta
de Jamaica molida

1 cucharadita colmada de pimentón

aceite de oliva

2 pimientos de colores diferentes

Para servir

4 cucharadas de yogur natural
desnatado

PONTE A COCINAR

Pon la quinoa en la cazuela, cúbrela con una generosa cantidad de agua y tápala • Echa la guindilla, las espinacas, las cebolletas limpias y el cilantro (salvo unas cuantas hojas) en el procesador, añade las hojas de la menta y pícalo todo bien • Pon el pollo sobre una hoja grande de papel de horno, y aderézalo con la sal, la pimienta, la pimienta de Jamaica y el pimentón • Pliega el papel y pasa un rodillo de cocina por encima para aplanar el pollo hasta obtener un grosor de 1,5 cm • Ponlo en la sartén con una cucharada de aceite de oliva y fríelo dándole la vuelta cada 3 o 4 minutos, hasta que quede negruzco y bien hecho.

Quita las semillas a los pimientos, córtalos en 8 tiras cada uno e incorpóralos a la sartén, removiendo periódicamente • Pela y corta el mango a trozos (en la página *www.jamieoliver.com/how-to* encontrarás un vídeo sobre cómo hacerlo) • Escurre la quinoa y lávala con agua fría bajo el grifo; escúrrela bien y ponla sobre una bandeja • Combínala con la mezcla de espinacas, vierte el zumo de lima por encima, añade el aceite de oliva extra virgen, mézclalo todo bien y sazona al gusto.

Echa los trozos de mango y los pimientos fritos por encima de la quinoa • Corta el aguacate en dos y quítale el hueso y, con una cucharilla, ve sacando rizos y dejándolos caer sobre la ensalada • Corta el pollo en lonchas, remójalas en su propio jugo y añádelas a la ensalada • Trocea el queso feta, echa los trozos encima, también las hojas de cilantro restantes y los berros • Completa el plato con unas cucharadas de yogur.

POLLO DORADO
VERDURAS A LA PLANCHA Y GRATÉN DE PATATA

4 RACIONES | 666 CALORÍAS

Gratén
800 g de patatas
3 cebollas
aceite de oliva
1 cubito de caldo de pollo
½ manojo de salvia fresca
100 ml de crema de leche
30 g de queso parmesano

Pollo
4 pechugas de pollo de 120 g sin piel
unas ramitas de romero fresco
2 tiras de beicon ahumado

Verduras
200 g de puerros baby
200 g de espinacas baby
200 g de guisantes congelados

Ingredientes preparados • Agua hirviendo • Horno encendido a potencia máxima • Robot de cocina (con accesorio para cortar lonchas finas) • Cazuela mediana con tapa, a fuego vivo • Bandeja de horno grande y de borde alto • Sartén grande, a fuego medio

PONTE A COCINAR

Corta las patatas en rodajas finas con el procesador, échalas en la cazuela mediana, cúbrelas con agua hirviendo y tapa la cazuela • Pela las cebollas, córtalas en rodajas finas con el procesador y luego ponlas en la bandeja de horno con dos cucharadas de aceite, el cubito de caldo desmenuzado y sal y pimienta • Rompe las hojas de salvia y échalas por encima, y añade un chorrito de agua si ves que empiezan a pegarse

Pon el pollo sobre una hoja grande de papel de horno, y aderézalo con la sal, la pimienta y las hojas de romero • Pliega el papel y pasa un rodillo de cocina por encima para aplanar el pollo hasta obtener un grosor de 1,5 cm • Ponlo a freír en la sartén con una cucharada de aceite, dándole la vuelta cada 3 o 4 minutos, hasta que esté dorado y bien hecho • Escurre bien las patatas con un colador y luego échalas en la bandeja de la cebolla, remuévelo todo y crea una capa uniforme • Echa encima la crema y luego el parmesano rallado fino • Ponlo a gratinar en la posición alta del horno.

Corta los puerros por la mitad longitudinalmente, lávalos bajo el grifo y luego córtalos en rodajas finas • Échalos en la cazuela vacía con una cucharada de aceite, removiendo a menudo • Tápala y ponla a cocer • Corta el beicon en tiras finas y añádelo a la sartén del pollo, removiendo periódicamente • Incorpora las espinacas y los guisantes a la cazuela del puerro y, cuando la espinaca esté blanda y los guisantes estén tiernos, coloca las verduras en una bandeja, con el pollo y el beicon encima • Acompáñalo con el gratén de patata.

ENSALADA CÉSAR
DE POLLO CON POLENTA CRUJIENTE

4 RACIONES | 476 CALORÍAS

Ingredientes preparados • Sartén grande, a fuego medio • Plancha, a fuego vivo • Licuadora

Pollo

2 pechugas de pollo de 200 g sin piel
½ cucharadita de pimentón dulce
2 cucharadas colmadas de polenta
aceite de oliva

Ensalada

1 pan de chapata
1 diente de ajo
2 achicorias rojas
4 lonchas de panceta ahumada
2 lechugas romanas
10 tomates cherry maduros
2 pimientos rojos grandes en
  conserva
vinagre balsámico
1 cestita de berros

Aliño

1 diente de ajo
2 limones
40 g de queso parmesano, y algo
  más para servir
4 filetes de anchoa
4 cucharadas colmadas de yogur
  natural desnatado
1 chorrito de salsa Worcestershire
1 cucharada de vinagre de vino tinto
1 cucharadita de mostaza inglesa
½ manojo de albahaca fresca

PONTE A COCINAR

Pon el pollo sobre una hoja grande de papel de horno, y aderézalo con la sal, la pimienta, el pimentón y la polenta • Pliega el papel y pasa un rodillo de cocina por encima para aplanar el pollo hasta obtener un grosor de 1,5 cm • Ponlo a freír en la sartén con una cucharada de aceite, dándole la vuelta cada 3 o 4 minutos, hasta que esté dorado y bien hecho • Corta 4 rebanadas gruesas de pan de chapata, ponlas en la plancha y tuéstalas por ambos lados.

Machaca el ajo con piel y échalo en el vaso del robot de cocina • Incorpora el zumo de limón, el parmesano y el resto de ingredientes del aliño • Bate hasta obtener una mezcla homogénea y sazona al gusto. • Frota las tostadas con un diente de ajo cortado por la mitad y córtalas en tiras • Corta la achicoria en cuartos y fríela un par de minutos en la plancha con la panceta.

Corta las lechugas a trozos irregulares y disponlos sobre una gran tabla o bandeja • Echa por encima las tiras de pan, los tomates cortados por la mitad y el pimiento en tiras • Añade la achicoria y un chorro de vinagre balsámico • Corta el pollo en tiras, disponlas alrededor de la ensalada, sazónala con el aliño, echa la panceta crujiente por encima y, por último, los berros • Si te apetece, usa un pelador para hacer unas tiras de parmesano y añadirlas por encima.

POLLO ESPECIADO

LENTEJAS CON BEICON, ESPÁRRAGOS Y ESPINACAS

4 RACIONES | 616 CALORÍAS

Ingredientes preparados • *Robot de cocina (con la hoja de batir)* • *Horno a 180°/posición 4* • *Cazuela grande con tapa, a fuego medio* • *Sartén grande, a fuego medio*

Lentejas

1 cebolla
1 zanahoria
2 ramitas de romero fresco
aceite de oliva
2 latas de 400 g de lentejas de Puy
1 tomate maduro
200 g de espinacas baby
1 cucharadita de vinagre de vino tinto
4 cucharadas colmadas de yogur natural desnatado

Pollo

4 pechugas de pollo de 120 g sin piel
½ cucharadita de pimienta de Cayena
4 dientes de ajo
1 manojo de tomillo, romero y/o laurel frescos
4 lonchas de panceta ahumada
1 manojo de espárragos (300 g)

Pan con corteza para servir

PONTE A COCINAR

Pela y corta en dos la cebolla y la zanahoria, y pícalas en el robot de cocina con las hojas de romero hasta obtener una mezcla fina • Saltea la mezcla en una cazuela grande con una cucharada de aceite, y remuévela de vez en cuando • Pon el pollo sobre una hoja grande de papel de horno, y aderézalo con la sal, la pimienta y la pimienta de Cayena, pliega el papel y pasa un rodillo de cocina por encima para aplanar el pollo hasta obtener un grosor de 1,5 cm • Ponlo a freír en la sartén con una cucharada de aceite, el ajo entero sin pelar y un puñado de hierbas frescas, y dale la vuelta a los 3 o 4 minutos para que quede dorado y bien hecho.

Echa las lentejas de lata (con su jugo) en la cazuela de las verduras, incorpora el tomate troceado y tápala • Mete el pan en el horno para calentarlo • Pica un poco las espinacas en el robot y añádelas a las lentejas con el vinagre de vino tinto • Cuando las lentejas cuezan y las espinacas se hayan ablandado, sazona al gusto • Añade la panceta y los espárragos (sin el extremo duro) a la sartén del pollo y fríe hasta que la panceta quede dorada y crujiente.

Pon las lentejas en una bandeja y echa la mayor parte del yogur por encima • Coloca el pollo en una tabla, córtalo por la mitad en diagonal y disponlo sobre las lentejas con la panceta crujiente, los espárragos y el ajo • Echa el resto del yogur por encima y acompáñalo todo con el pan crujiente para absorber bien los jugos.

PATO CRUJIENTE
PAQUETITOS DE LECHUGA HOI SIN

4 RACIONES | 738 CALORÍAS

Ingredientes preparados • Agua hirviendo • Cazuela pequeña con tapa, a fuego medio • Sartén grande, a fuego medio

Paquetitos

4 nidos de pasta fina al huevo
2 lechugas iceberg
1 cucharada de aceite de sésamo
4 cucharadas de salsa hoi sin
4 limas
1 diente de ajo
350 g de tofu fresco
1 manojo de rábanos baby
5 ramitas de cilantro fresco
1 cestita de berros
salsa de guindilla dulce

Pato

2 pechugas de pato de 200 g con
   piel
1 cucharadita colmada de polvo de
   cinco especias chinas
aceite de oliva
1 guindilla roja fresca
2 cebolletas
1 puñado de anacardos
2 cucharadas de semillas de
   sésamo
1 cucharadita de miel ligera

PONTE A COCINAR

Pon los fideos en la cazuela pequeña y cúbrelos con agua hirviendo; tápala • Corta el pato en dados de 1 cm, aderézalos con sal, pimienta y el polvo de cinco especias y ponlos a freír en la sartén con 1 cucharada de aceite de oliva, removiendo a menudo • Corta las lechugas en dos por el tallo, retíralo y separa las hojas en forma de cuencos • Disponlas sobre una bandeja o un plato grande y limpio.

Escurre los fideos y engrásalos con el aceite de oliva; luego repártelos por los cuencos de lechuga • Pica bien la guindilla y corta la cebolleta a rodajas finas • Cuando el pato esté bien dorado, elimina el exceso de grasa y añade la guindilla, la cebolleta, los anacardos y las semillas de sésamo, y remuévelo todo.

Echa la salsa hoi sin en un bol, añade el zumo de 3 limas, el ajo machacado pero sin pelar, y mézclalo todo • Vierte la miel en la sartén, sobre el pato, menéala para que quede bien cubierto y luego reparte la mezcla por los cuencos de lechuga • Corta el tofu en trozos de 2 cm y repártelo también por los cuencos de lechuga • Coloca por encima los rábanos baby y las hojas de cilantro y, al final, los berros • Por último echa el aliño hoi sin desde cierta altura, y rocía cada trocito de tofu con un poquito de salsa de guindilla dulce • Decora con cuñas de lima.

BUEY

ALBÓNDIGAS
DE CHILE CON CARNE

4 RACIONES | 437 CALORÍAS

Bulgur de trigo
1 taza (300 g) de bulgur de trigo
1 limón en conserva
1 ramita de canela

Albóndigas
400 g de carne de buey magra
   picada
1 cucharadita colmada de garam
   masala
aceite de oliva
3 pimientos rojos en conserva
4 cebolletas
1 cucharadita de pimentón
700 g de tomate natural triturado
1 manojo de cilantro fresco
1 lata de 400 g de alubias rojas
1 pellizco de semillas de comino
4 cucharadas de yogur natural
   desnatado
1 lima

Chiles tostados
4 chiles frescos

Ingredientes preparados • Agua hirviendo • Horno al máximo en posición de gratinador • Cazuela mediana con tapa, a fuego vivo • Licuadora • Sartén mediana, a fuego medio

PONTE A COCINAR

Pon a cocer 1 taza de bulgur de trigo con 2 tazas de agua hirviendo, el limón en conserva y la ramita de canela en la cazuela mediana y tápala, removiendo de vez en cuando • Con las manos limpias, mezcla la carne picada con la sal, la pimienta y el garam masala • Reparte la mezcla en 4 partes y luego, con las manos húmedas, de cada parte haz 4 bolas y, a medida que les des forma, ve echándolas en la sartén con una cucharada de aceite • Ve moviéndolas.

En la licuadora, bate el pimiento, las cebolletas limpias, el pimentón, el tomate triturado, la mitad del cilantro y un pellizco de sal hasta obtener una mezcla homogénea • Viértela en la sartén mediana (aclara el vaso de la licuadora con un buen chorro de agua y añádelo) y sube el fuego al máximo • Da un pellizco a los chiles y ponlos bajo el gratinador del horno para tostarlos; luego sácalos.

Lava y escurre las alubias y échalas junto a las albóndigas; añade las semillas de comino • Con unas pinzas saca las albóndigas de la sartén y ponlas en la salsa, pero deja las alubias • Corta el resto de cebolleta a rodajas muy finas • Incorpora las judías a la salsa • Retira la ramita de canela, machaca el limón e incorpóralo al bulgur • Sírvelo con las albóndigas en salsa, unas cucharadas de yogur, los chiles tostados y unas cuñas de lima, y decóralo todo con el resto de la cebolleta y las hojas de cilantro.

HAMBURGUESAS INGLESAS
ENSALADA FINA, ENCURTIDOS Y OTRAS COSAS

4 RACIONES | 532 CALORÍAS

Ingredientes preparados • Horno a 130°/posición ½ • Sartén grande, a fuego medio • Robot de cocina (con accesorio rallador grueso)

Hamburguesas

500 g de carne magra bien picada
1 cucharadita colmada de mostaza
  con grano
1 chorrito de cerveza de calidad
aceite de oliva
4 bollitos integrales
2 cucharadas de yogur natural
  desnatado
salsa Worcestershire
1 tomate grande maduro
2-4 pepinillos
kétchup para servir

Ensalada

2 zanahorias
¼ de col blanca (unos 250 g)
1 pera
1 cebolla roja pequeña
2 cucharadas de aceite de oliva
  extra virgen
1 cucharada de vinagre de vino tinto
70 g de rúcula

PONTE A COCINAR

Echa la carne picada en un cuenco con sal, pimienta, la mostaza y la cerveza, y, con las manos limpias, amásalo todo para mezclarlo • Divide la mezcla en 4 partes y, con las manos húmedas, haz unas bolas de unos 2,5 cm de grosor; luego échalas en la sartén con una cucharada de aceite de oliva, dándoles la vuelta cuando queden doradas y crujientes por fuera, y presionándolas con una espátula de modo que contacten con la sartén.

Pon los bollos en el horno • Echa el yogur en un cuenco pequeño, añádele un buen chorro de salsa Worcestershire y remuévelo bien • Corta el tomate y los pepinillos en lonchas y colócalos en una tablilla de servir.

En el robot de cocina, ralla las zanahorias lavadas, la col, la pera (sin el tallo) y la cebolla roja pelada • Pon el aceite de oliva extra virgen y el vinagre en un cuenco para servir, añade las verduras ralladas, mézclalo todo y sazona al gusto, y luego incorpora la rúcula • Saca los bollos del horno, córtalos por la mitad y échales un chorro de kétchup en el interior • Pon encima una rodaja de tomate y las hamburguesas, y deja que cada comensal complete su propia hamburguesa en la mesa.

BUEY STROGANOFF

4 RACIONES | 625 CALORÍAS

Arroz

1 taza (300 g) de arroz integral o
    basmati de cocción rápida
½ manojo de tomillo fresco
200 g de espinacas baby

Encurtido

2 cebollas rojas pequeñas
1 puñado de pepinillos
1 manojo de perejil de hoja lisa
    fresco

Stroganoff

300 g de setas variadas
aceite de oliva
3 dientes de ajo
2 solomillos de 200 g, sin grasa
1 cucharadita colmada de pimentón
    dulce
1 limón
1 chorrito de brandy
4 cucharadas colmadas de yogur
    natural desnatado
1 chorrito de leche semidesnatada

*Ingredientes preparados • Agua hirviendo • Cazuela con tapa, a fuego medio •
Robot de cocina (con accesorio para cortar lonchas finas) • Sartén grande,
a fuego vivo*

PONTE A COCINAR

Pon a cocer una taza de arroz, 2 tazas de agua hirviendo, las hojas de tomillo y un pellizco de sal y pimienta en la cazuela mediana y tápala; remueve de vez en cuando • Pela las cebollas y córtalas en rodajas finas en el robot de cocina; corta también los pepinillos y pon ambas cosas en un cuenco • Pica los tallos de perejil y trocea las hojas, y echa ambos en el cuenco con un chorrito del vinagre de los pepinillos y un pellizco de sal; mézclalo todo apretándolo con una mano.

Rompe o corta las setas y saltéalas en la sartén con 2 cucharadas de aceite; luego machaca el ajo —con piel— con un picador de ajos y añádelo, así como dos tercios del encurtido al perejil; remueve de vez en cuando • Corta los filetes en lonchas de 1 cm de grosor y sazónalos con sal, pimienta y la piel del limón bien rallada • Pon las setas en una bandeja • Echa 2 cucharadas de aceite a la sartén y fríe la carne, dándole la vuelta cuando esté dorada.

Añade las espinacas a la cazuela del arroz y vuelve a taparla • Vierte un chorrito de brandy a la carne, préndele fuego con una cerilla (si quieres), deja que las llamas se consuman y vuelve a echar las setas a la sartén, con el yogur y la leche, y espera que cuezan • Pasa las espinacas hervidas a una bonita bandeja de servir y luego reparte el arroz por encima • Coloca el stroganoff, escurre bien el encurtido restante y échalo por encima desde cierta altura.

SOLOMILLO ASADO
SOBRE FIDEOS CON LANGOSTINOS HOI SIN

4 RACIONES | 653 CALORÍAS

Ingredientes preparados • Agua hirviendo • Wok, a fuego vivo • Sartén grande, a fuego vivo • Robot de cocina (con la hoja de batir) • Cazuela mediana con tapa, a fuego vivo

Fideos

2 cucharadas de cacahuetes con
    cáscara
2 cucharadas de semillas de sésamo
½ o 1 guindilla roja fresca
1 trozo de jengibre de unos 4 cm
2 cebolletas
1 manojo de cilantro fresco
4 nidos de pasta al huevo
2 dientes de ajo
100 g de langostinos tigre crudos
    pelados
80 g de brotes de soja
4 cucharadas de salsa hoi sin
2 cucharadas de salsa de soja baja
    en sal
2 limas
1 lechuga romana
4 rábanos
1 cestita de berros

Carne

2 solomillos de 200 g, sin grasa
1 cucharada de polvo de cinco
    especias chino
2 cucharadas de aceite de sésamo
250 g de champiñones

PONTE A COCINAR

Tuesta los cacahuetes y las semillas de sésamo en el wok en seco, removiéndolos hasta que estén dorados, échalos en un cuenquito y resérvalos, dejando el wok al fuego • Frota los solomillos con sal, pimienta y el polvo de cinco especias, y luego ponlos a freír en la sartén con la mitad del aceite de sésamo • Dale la vuelta a los bistecs cada minuto hasta que te queden al punto deseado, al cabo de un par de minutos añade las setas y retira los bistecs cuando estén hechos • En el robot, pica bien la guindilla, el jengibre pelado, las cebolletas limpias y la mitad del cilantro.

Llena la cazuela hasta la mitad con agua hirviendo con sal y añade los fideos, y déjalos cocer con la tapa puesta • Echa el resto del aceite de sésamo en el wok, añade las verduras picadas y el ajo machacado con piel • Revuelve un minuto, incorpora los langostinos y los brotes de soja, remueve otro minuto más y luego añade la salsa hoi sin y la salsa de soja, el zumo de 1 lima y el resto de las hojas de cilantro.

Usa unas pinzas para escurrir y pasar los fideos directamente al wok, y remueve, soltándolos con un chorrito del agua de la cocción en caso necesario • Sazona al gusto y reparte en 4 cuencos • Corta el tronco de la lechuga, separa las hojas y pon un par de hojas en cada cuenco, con un rábano cortado por la mitad • Echa encima los berros y los anacardos y el sésamo tostado • Corta los bistecs en lonchas de 1 cm y sírvelos acompañados de las setas salteadas y las cuñas de lima.

KOFTE DE BUEY AL CURRY
ARROZ SUAVE, JUDÍAS Y GUISANTES

4 RACIONES | 706 CALORÍAS

Ingredientes preparados • Agua hirviendo • Sartén grande, a fuego vivo •
Cacerola mediana con tapa, a fuego vivo • Licuadora

Curry

1 paquete de 250 g de lentejas de
  Puy cocidas

1 cucharadita colmada de garam
  masala

400 g de carne picada de buey
  magra

aceite de oliva

3 tomates maduros

1 trozo de jengibre de unos 4 cm

2 cebolletas

1 guindilla roja fresca

1 manojo de cilantro fresco

1 cucharadita de cúrcuma

1 cucharadita de miel suave

2 cucharaditas colmadas de pasta
  de curry Rogan Josh de Patak's

½ lata de 400 g de leche de coco
  ligera

4 cucharadas de yogur natural
  desnatado para servir

1 limón

Arroz

1 taza (300 g) de arroz integral o
  basmati de cocción rápida

5 vainas de cardamomo

200 g de judías verdes

200 g de guisantes congelados

2 poppadoms crudos

PONTE A COCINAR

Pon las lentejas en un cuenco con sal, pimienta, el garam masala y la carne picada, y mézclalo todo presionando con las manos limpias • Reparte la mezcla en dos, y luego, con las manos mojadas, haz de cada mitad 6 palitos gruesos • Fríelos en la sartén con 1 cucharada de aceite, dándoles la vuelta a medida que se doren.

Pon 1 taza de arroz, 2 tazas de agua hirviendo y las vainas de cardamomo en la cacerola, añade las judías cortadas por la mitad y tapa • Tritura los tomates en la licuadora, añade el jengibre pelado, las cebolletas limpias, la mitad de la guindilla, los tallos de cilantro, la cúrcuma, la miel, la pasta de curry y la leche de coco y bátelo todo • Echa la salsa en la sartén de los kofte, dale un hervor y luego baja el fuego para que cueza; sazona al gusto.

Quítale la tapa al arroz, añade los guisantes, mézclalo todo y déjalo unos minutos más • Rompe los poppadoms crudos y mételos en el microondas (a 800 W) un minuto o dos para que se hinchen • Corta el resto de guindilla a rodajitas finas y las hojas de cilantro, y échalo todo por encima del curry, acompañado de unas cucharadas de yogur, unas cuñas de limón, los poppadoms y el arroz, las judías y los guisantes.

BUEY ASADO ASIÁTICO

CON LA MEJOR ENSALADA DE FIDEOS Y ALIÑO DE JENGIBRE

Ingredientes preparados • Agua hirviendo • Sartén grande, a fuego vivo

Ensalada

50 g de anacardos

1 cucharada de pipas de girasol

2 cucharadas de semillas de sésamo

200 g de fideos de arroz finos

1 lechuga romana

1 zanahoria grande

1 manojo de rábanos

½ pepino

1 manojo grande de cilantro fresco

3 cebolletas

1 cestita de berros

1 paquete de brotes de alfalfa

Carne

1 filete de cadera de 450 g, sin grasa

2 cucharaditas de polvo de cinco especias chino

aceite de oliva

Aliño

1 paquete de 105 g de jengibre en conserva

2 limas

1 cucharada de salsa de pescado

1 cucharada de salsa de soja baja en sal

1 cucharada de aceite de sésamo

½ guindilla roja fresca

PONTE A COCINAR

Tuesta los anacardos y las pipas de girasol y de sésamo en la sartén, removiéndolos de vez en cuando hasta que queden dorados; luego pásalos a un cuenco, vuelve a poner la sartén a fuego vivo • Pon los fideos en otro cuenco con un pellizco de sal y cúbrelos con agua hirviendo • Frota la carne con sal, pimienta y el polvo de cinco especias, y ponla a freír en la sartén con una cucharada de aceite de oliva, dándole la vuelta cada minuto hasta que quede al punto deseado.

En otro cuenco, mezcla el jengibre en conserva con su jugo, el zumo de 1 o 2 limas, la salsa de pescado, la salsa de soja y el aceite de sésamo; luego corta la guindilla en rodajas finas y añádela • Córtale el tallo a la lechuga y separa las hojas, cortando las más grandes; disponlas en una tabla grande • Ralla la zanahoria lavada con un rallador grueso • Corta los rábanos por la mitad, trocea el pepino y las hojas del cilantro, y limpia y corta en rodajas finas las cebolletas.

Amontona todas las verduras en la tabla y echa unos berros y los brotes de alfalfa por encima • Cuela los fideos, lávalos de nuevo y escúrrelos otra vez e incorpóralos a la tabla • Cuando la carne esté hecha, pásala también a la tabla, córtala y colócala sobre la ensalada, virtiendo el resto de jugos por encima • Echa los anacardos, el sésamo y las pipas por encima y sirve el aliño aparte, acompañado del resto de cuñas de lima.

FILETE A LA PARRILLA
RATATOUILLE Y ARROZ AL AZAFRÁN

Ingredientes preparados • Agua hirviendo • Plancha, a fuego vivo • Cazuela pequeña con tapa, a fuego medio • Tartera baja con tapa, a fuego medio

Ratatouille

1 calabacín
1 berenjena pequeña
2 pimientos de dos colores
1 cebolla roja
1 cucharadita colmada de harissa
2 filetes de anchoa
2-4 dientes de ajo
700 g de tomate natural triturado
1 cucharada de vinagre balsámico.
½ manojo de albahaca fresca
2 cucharadas de yogur natural
   desnatado

Arroz

1 taza (300 g) de arroz integral o
   basmati de cocción rápida
1 pellizco generoso de azafrán
½ limón

Filetes

2 solomillos de 250 g, sin grasa
1 cucharadita de pimentón dulce
aceite de oliva
½ manojo de perejil de hoja lisa
1 cucharadita colmada de mostaza
   de Dijon
1 cucharada de aceite de oliva extra
   virgen
½ limón

PONTE A COCINAR

Corta el calabacín a lo largo y la berenjena en rodajas de 1 cm de grosor y pon ambos sobre la plancha, dándoles la vuelta cuando se tuesten • Agrega 1 taza de arroz, 2 tazas de agua hirviendo, el azafrán, el medio limón y un pellizco de sal en la cazuela pequeña, tápala y cuece el arroz hasta que quede tierno, removiendo de vez en cuando • Quítales las semillas y los tallos a los pimientos, trocéalos con la cebolla roja pelada y ponlo todo a cocer en la cazuela con la harissa, las anchoas y 1 cucharadita de su propio aceite • Machaca el ajo sin pelarlo, incorpóralo a la cazuela y remueve de vez en cuando.

Retira el calabacín y la berenjena tostados de la plancha, pero no apagues el fuego; trocéalos en una tabla • Incorpóralos a la cazuela con las otras verduras, añade el tomate triturado y el vinagre, y deja que cueza con la tapa puesta • Frota los solomillos con sal, con el pimentón y 1 cucharadita de aceite de oliva, y ponlos a freír en la plancha, dándoles la vuelta a cada minuto hasta que queden al punto deseado.

En una tabla, corta muy finos los tallos de perejil y trocea las hojas • Añade la mostaza y el aceite de oliva extra virgen, sazona con sal y pimienta y echa un chorro de zumo de limón por encima, mézclalo todo junto y extiéndelo en la tabla • Cuando los filetes estén hechos, pásalos a la tabla, mézclalos con el aderezo y luego córtalos • Corta las hojas de albahaca e incorpóralas a la ratatouille, sazona al gusto y sírvela acompañada del yogur y el arroz al azafrán.

BUEY CON CHIMICHURRI
PATATAS NUEVAS Y ENSALADA CRUJIENTE

Ingredientes preparados • *Agua hirviendo* • *Cazuela mediana con tapa, a fuego vivo* • *Licuadora* • *Sartén grande, a fuego vivo*

Patatas
800 g patatas nuevas baby
1 limón
1 cucharadita de eneldo seco

Buey
4 dientes de ajo
6 cebolletas
2 cucharaditas colmadas de
    orégano seco
½ guindilla roja fresca
1 hoja de laurel fresco
1 manojo de cilantro fresco
2-3 cucharadas de vinagre de vino
    tinto
2 solomillos de 250 g, sin grasa
aceite de oliva

Ensalada
2 cogollos
1 puñado de tomates maduros de
    diferentes colores
½ manojo de menta fresca
1 cestita de berros
150 g de guisantes crudos sin vaina
aceite de oliva extra virgen
1 cucharada de vinagre balsámico
queso parmesano para servir

PONTE A COCINAR

Pon las patatas nuevas y un limón entero a cocer en la cazuela mediana, con agua hirviendo con sal, y tápalas • Pela el ajo y échalo en la licuadora con las cebolletas limpias y cortadas por la mitad, el orégano, la guindilla, el laurel y el cilantro (reserva unas cuantas hojas) • Añade el vinagre y un chorro de agua hirviendo, bate hasta obtener una salsa homogénea, sazona al gusto y échala en un cuenco.

Frota los solomillos con sal y pimienta y ponlos a freír en la sartén caliente con una cucharada de aceite de oliva, dándoles la vuelta a cada minuto hasta que queden al punto deseado • Trocea las lechugas, los tomates y las hojas de la menta y ponlo todo sobre una bandeja; echa los berros y los guisantes por encima • Aliña con una cucharada de aceite de oliva extra virgen y con el vinagre balsámico, y echa parmesano rallado por encima.

Escurre las patatas y el limón, ponlos en un cuenco y, con unas pinzas, exprime el zumo de limón sobre las patatas; tira el limón sobrante • Adereza con una cucharada de aceite de oliva extra virgen, sal, pimienta y el eneldo, y luego pásalas a la bandeja • Añade los solomillos y la salsa chimichurri a la bandeja y dispón las hojas de cilantro restantes por encima. Corta la carne una vez en la mesa.

BISTEC, HÍGADO Y BEICON
PURÉ DE PATATAS CON COL Y SALSA DE CEBOLLA ROJA

Puré
800 g de patatas
500 g de coles de Bruselas
1 chorrito de leche semidesnatada

Carne
1 solomillo de 300 g
200 g de hígado de buey
    fileteado
1 cucharada de mostaza inglesa en
    polvo
aceite de oliva
4 lonchas de beicon ahumado
unas ramitas de tomillo fresco

Salsa
2 cebollas rojas
2 ramitas de romero fresco
1 cucharadita colmada de harina
1 cucharada de mermelada de
    moras
1 cucharada de salsa
    Worcestershire
1 chorrito de cerveza suave
1 cubito de caldo

Ingredientes preparados • Agua hirviendo • Robot de cocina (con accesorio para cortar lonchas gruesas) • Cazuela grande con tapa, a fuego medio • Sartén mediana, a fuego vivo • Cacerola pequeña, a fuego vivo

PONTE A COCINAR

Corta las patatas y las coles de Bruselas a rodajas gruesas en el robot, échalas en la cazuela grande y ponlas a cocer con agua hirviendo y un poco de sal; tapa la cazuela • Presiona el solomillo hasta que tenga un grosor de 3 cm y fríelo en la sartén con 1 cucharada de aceite, dándole la vuelta cada minuto hasta que quede al punto deseado.

Pela las cebollas, córtalas por la mitad y luego en rodajas con el robot, y saltéalas en la cacerola pequeña con 1 cucharada de aceite y las hojas de romero, removiendo de vez en cuando • Cuela las patatas y las coles y vuelve a meterlas en la olla, tritúralas con la leche, y sazona al gusto • Removiendo, echa la harina en la cacerola de las cebollas, luego la mermelada, la salsa Worcestershire y la cerveza, añade el cubito de caldo desmenuzado y 300 ml de agua hirviendo; sazona con sal y pimienta, y deja que cueza.

Retira el solomillo y ponlo en un plato; luego añade el beicon a la sartén • Cuando le des la vuelta, añade el hígado fileteado y las ramitas de tomillo, y gíralo al cabo de un minuto más o menos • Presenta el puré sobre una tabla o una bandeja bonita, con el hígado, el beicon y el tomillo crujiente por encima, corta el solomillo en filetes y añádelo, incorporando los jugos restantes • Sirve la salsa de cebolla en una salsera.

ARROZ FRITO COREANO
CON CARNE, SETAS Y ENCURTIDOS

Ingredientes preparados • Sartén grande, a fuego medio • Plancha, a fuego vivo • Robot de cocina (con accesorio para cortar lonchas finas)

Arroz

2 paquetes de 250 g de arroz
   integral cocido
1 limón

Carne y setas

125 g de champiñones
aceite de sésamo
salsa de soja baja en sal
vinagre de jerez
1 diente de ajo
2 solomillos de 250 g, sin grasa

Encurtidos

1 pepino
2 cebolletas
azúcar blanquilla

Aderezos

1 cogollo
1 cucharada de harissa, y un poco
   más para servir
100 g de espinacas baby
2 huevos grandes
2 cucharadas de semillas de sésamo

PONTE A COCINAR

Echa el arroz cocido en la sartén, con el zumo de limón por encima, y saltéalo removiendo periódicamente • Asa las setas en la plancha, dándoles la vuelta cuando queden marcadas • Echa 1 cucharada de aceite, 2 cucharadas de salsa de soja y 1 cucharada de vinagre de jerez en un cuenco mediano, añade el ajo machacado con piel y mézclalo todo bien para crear una marinada • Corta los solomillos en filetes de 1 cm de grosor.

Mete las setas en la marinada y luego pon la carne en la plancha en una sola capa, dórala solo por un lado y luego ponla también a marinar con las setas • Por último corta en rodajas el pepino y las cebolletas limpias con el robot de cocina y échalas en otro cuenco • Añade un pellizco de sal y azúcar y un chorro de salsa de soja y otro de vinagre de jerez, y, con las manos limpias, amásalo todo mezclándolo bien.

Corta la lechuga y ponla en un cuenco pequeño, y en otros dos pon la harissa y las espinacas • Echa el arroz en un bol más grande • Vierte una cucharadita de aceite a la sartén, pon los huevos, esparce por encima las semillas de sésamo y fríe 1 ½ minutos por lado de modo que las yemas no se cuajen del todo, y luego ponlos sobre el arroz • A la hora de comer, mézclalo todo como una ensalada gigante y añade un poco más de harissa al gusto.

ALBÓNDIGAS SUECAS
ARROZ CON APIO NABO Y ESPINACAS

4 RACIONES | 576 CALORÍAS

Arroz

1 apio nabo
aceite de oliva
unas ramitas de tomillo fresco
1 taza (300 g) de arroz integral o
   basmati de cocción rápida
200 g de espinacas baby

Albóndigas

200 g de carne picada magra de
   buey
200 g de carne picada magra de
   cerdo
½ manojo de eneldo fresco
2 cucharaditas de semillas de
   alcaravea
1 chorrito de vodka
4 cucharaditas de mermelada de
   arándanos
4 cucharadas de crema de leche
4 cucharadas de yogur natural
   desnatado, para servir

*Ingredientes preparados • Agua hirviendo • Cacerola con tapa, a fuego medio
• Cazuela pequeña con tapa, a fuego medio • Sartén mediana, a fuego medio*

PONTE A COCINAR

Recorta con cuidado el extremo nudoso del apio nabo, pélalo y córtalo en trozos de 1 cm • Ponlo en la cacerola con 1 cucharada de aceite, un pellizco de sal y pimienta, las hojas de tomillo y un chorro de agua hirviendo • Tápalo, sube el fuego y póchalo, removiendo de vez en cuando • Pon una taza de arroz, 2 tazas de agua hirviendo y un pellizco de sal en la cazuela pequeña y ponla a cocer con la tapa puesta.

Echa toda la carne picada en un cuenco con un pellizco de sal y pimienta, añade la mayor parte del eneldo muy picado y mézclalo todo bien con las manos limpias • Divide la mezcla en 4 y de cada cuarto modela 5 albóndigas con las manos húmedas • Echa 1 cucharada de aceite en la sartén caliente, añade las albóndigas y las semillas de alcaravea, sube el fuego al máximo y fríe las albóndigas hasta que estén doradas, removiendo de vez en cuando.

Echa las espinacas en la cacerola y remueve; luego añade el arroz cocido y sazona al gusto • Añádeles un buen chorro de vodka a las albóndigas, préndele fuego con cuidado usando una cerilla (si quieres) y déjalas cocer • Sazónalas y sírvelas con el arroz, decorado con las hojas de eneldo restantes y el yogur.

HAMBURGUESAS DE BUEY CON FRIJOLES, FIDEOS Y ENSALADA CON ENCURTIDOS

4 RACIONES | 558 CALORÍAS

Ingredientes preparados • Agua hirviendo • Sartén mediana, a fuego medio • Wok, a fuego vivo • Robot de cocina (con accesorio para cortar lonchas finas)

PONTE A COCINAR

Coloca la carne picada, la mitad de la salsa de frijoles negros y un pellizco de sal y pimienta en un cuenco, y mézclalo todo con las manos • Divide la mezcla en cuatro partes y, con las manos húmedas, haz una hamburguesa de 2 cm de grosor con cada una • Ponlas en la sartén con una cucharada de aceite, y dales la vuelta cuando se doren • Echa 600 ml de agua hirviendo en el wok, añade el cubito de caldo desmenuzado y el jengibre pelado y cortado a rodajas.

Escurre las castañas de agua y córtalas en el robot con las cebolletas limpias y la guindilla; échalo todo en un cuenco • Añade el zumo de 1 lima y un pellizco de sal, estrújalo todo y mézclalo bien • Arranca la parte de las hojas del manojo de cilantro (reserva los tallos) y añádelas; aderexa con un poco de salsa de soja y reserva la mezcla • Pon los fideos a cocer 2 minutos en el wok, rompiéndolos con las manos, añade el resto de la salsa de frijoles negros y el zumo de una lima.

Quita las semillas y los tallos a los pimientos y córtalos a rodajas con los tirabeques, las pak choi y los tallos de cilantro • Echa las verduras a rodajas en el wok, añade las setas y cocínalas 1 minuto; sírvelas en un cuenco bonito • Reboza las hamburguesas con la miel y las semillas de sésamo y pásalas a una tabla para servir con las cuñas de lima y, en el último momento, la ensalada de encurtidos.

Hamburguesas

400 g de carne picada de buey
6 cucharadas de salsa de frijoles negros
aceite de oliva
1 cucharada de miel suave
2 cucharadas de semillas de sésamo
1 lima

Fideos

1 cubito de caldo de pollo
1 trozo de jengibre de unos 4 cm
4 nidos de pasta al huevo
2 pimientos de colores diferentes
200 g de tirabeques
2 pak choi
150 g de setas variadas
1 lima

Ensalada

1 lata de 225 g de castañas de agua
3 cebolletas
½ guindilla roja fresca
1 lima
½ manojo de cilantro fresco
salsa de soja baja en sal

MEDALLONES DE SOLOMILLO
CON SALSA DE SETAS Y VERDURAS

Ingredientes preparados • Agua hirviendo • Cacerola, a fuego vivo • Sartén mediana, a fuego medio • Plancha, a fuego vivo • Batidora de mano

Salsa de setas

30 g de funghi porcini (setas calabaza o ceps) secos
aceite de oliva
250 g de setas variadas
2 dientes de ajo
1 buen chorro de brandy
4 cucharadas de crema de leche
1 cucharadita de aceite a la trufa

Verduras

800 g de patatas nuevas baby
½ col de Saboya (unos 400 g)
200 g de broccolini (brécol de tallos tiernos)
250 g de guisantes congelados
1 cucharada de aceite de oliva extra virgen
½ limón

Solomillo

4 medallones de solomillo de 125 g
150 g de champiñones

PONTE A COCINAR

Echa los porcini en una taza y cúbrelos con agua hirviendo • Pon las patatas nuevas en la cacerola (corta las más grandes por la mitad) y cúbrelas con agua hirviendo salada; tápalas • Corta la col en rodajas de 2,5 cm, incorpórala a la cacerola y vuelve a tapar • Echa una cucharada de aceite de oliva en la sartén y saltea las setas variadas troceadas • Machaca el ajo sin pelar y añádelo, al igual que los porcini (reservando el líquido) y un pellizco de sal y pimienta; remueve de vez en cuando.

Frota los medallones de carne con sal, pimienta y una cucharada de aceite de oliva y ponlos a asar sobre la plancha con los champiñones, dándoles la vuelta cada minuto hasta que queden al punto deseado • Recorta el extremo del brécol y añádelo a la cacerola con los guisantes, para que cuezan 2 minutos • Escúrrelos, alíñalos con el aceite de oliva extra virgen y el zumo de ½ limón y sazona al gusto.

Añade el brandy a la mezcla de setas, préndele fuego con cuidado usando una cerilla (si quieres), deja que se consuman las llamas y añade la crema de leche y el aceite a la trufa; deja que cuezan • Aligera la salsa con el líquido de los porcini colado si hace falta, bate la salsa para darle la consistencia deseada y sazona al gusto • Sírvela como acompañamiento de los medallones, los champiñones, las patatas y las verduras.

BISTEC CAJÚN
JUDÍAS AL HORNO Y BERZAS

4 RACIONES | 614 CALORÍAS

Berzas

2 lonchas de panceta ahumada
aceite de oliva
1 gran puñado de hierbas frescas
  variadas (laurel, tomillo y romero)
1 zanahoria y 4 cebolletas
½ manojo de rábanos
200 g de col crespa
1 cubito de caldo de pollo

Judías

2 latas de 400 g de judías variadas
350 g de tomate natural triturado
1 cucharadita de salsa
  Worcestershire
1 cucharadita de Tabasco
2 cucharadas de kétchup
2 cucharadas de salsa HP
1 cucharadita de miel ligera
1 cucharadita colmada de mostaza
  inglesa, y algo más para servir
40 g de queso cheddar

Bistec

2 solomillos de 250 g, sin grasa
1 cucharadita de pimentón dulce
1 cucharadita de tomillo seco

Vinagre a la guindilla

1 guindilla roja fresca
1 botella de vinagre de vino blanco

Ingredientes preparados • Agua hirviendo • Horno a la potencia máxima (240°/posición 9) • Cazuela grande con tapa, a fuego medio • Sartén mediana resistente al horno, a fuego medio • Sartén grande, a fuego vivo

PONTE A COCINAR

Corta la panceta a tiras, échala en la cazuela con tapa con una cucharada de aceite y ponla a freír con las hierbas • Limpia y corta en rodajas la zanahoria, las cebolletas y los rábanos, y añádelos; remueve de vez en cuando • Lava y escurre las judías y saltéalas en la sartén mediana con 2 cucharadas de aceite hasta que se doren un poco.

Corta en rodajas la col crespa (si hace falta) y añádela a la cazuela con tapa, incorpora el cubito de caldo y 300 ml de agua hirviendo, y tapa • Añade el resto de ingredientes de las judías (salvo el queso) a la sartén y haz que cuezan • Ralla el cheddar y échalo por encima, y luego mete la sartén en el horno hasta que la mezcla quede dorada y crepite.

Frota los solomillos con sal, pimienta, el pimentón y el tomillo • Mételos en la sartén grande, muy caliente, y saltéalos con 1 cucharada de aceite, dándoles la vuelta a cada minuto hasta que queden al punto deseado • Corta la guindilla a rodajas y échala en la botella de vinagre con un par de hojas de laurel, si las tienes a mano (puedes conservarlo durante meses); añade un chorro de este vinagre a las verduras antes de servir • Corta los solomillos en una tabla ya en la mesa y acompáñalos con las judías, las verduras y una buena cucharada de mostaza.

CERDO

CERDO PARMESANO CRUJIENTE
CALABACINES A LA MENTA Y ARROZ INTEGRAL

4 RACIONES | 582 CALORÍAS

*Ingredientes preparados • Sartén grande, a fuego medio • Robot de cocina
(con accesorio para cortar lonchas finas) • Cacerola grande, a fuego medio*

Cerdo
400 g de lomo de cerdo
40 g de queso feta
4 lonchas de jamón de Parma
aceite de oliva
8 hojas de salvia frescas
vinagre balsámico

Calabacines
6 calabacines de diferentes tonos
5 dientes de ajo
1 guindilla roja fresca
½ manojo de menta fresca

Para servir
2 cucharaditas de concentrado de
   tomate
1 limón
2 paquetes de 250 g de arroz
   integral cocido
4 cucharadas de yogur natural
   desnatado

PONTE A COCINAR

Corta el lomo en 8 medallones de tamaño similar y haz un agujerito en el centro de cada uno • Corta el queso feta en 8 trozos y mételos en los orificios hechos a la carne; sazona con un poco de pimienta negra y envuelve cada medallón en media loncha de jamón de Parma • Aplástalos con el puño y ponlos a freír en la sartén, con el jamón por debajo, con 1 cucharada de aceite, dándoles la vuelta periódicamente hasta que queden dorados y bien hechos.

Corta los calabacines en lonchas finas con el robot y ponlos a saltear en la cacerola con 2 cucharadas de aceite • Añade el ajo machacado con piel y sube el fuego al máximo • Pica bien la guindilla y la mayor parte de las hojas de la menta y añádelas a la cacerola, sazona al gusto con sal y pimienta y ve removiendo hasta que el calabacín quede tierno y delicioso.

Añade las hojas de salvia al cerdo y saltéalas 30 segundos, hasta que queden crujientes • Sirve los calabacines en una bandeja y dispón el cerdo con la salvia por encima • Vuelve a poner la sartén a fuego vivo, añade un chorro de agua, el concentrado de tomate y el zumo de limón, y luego incorpora el arroz y déjalo calentar 1 minuto • Sirve el arroz con el yogur por encima, echa un chorrito de vinagre balsámico por encima del cerdo y decóralo todo con las hojas de menta restantes.

SOLOMILLO DE CERDO GLASEADO
ARROZ CAJÚN A LA PIMIENTA Y SALSA BBQ

4 RACIONES | 611 CALORÍAS

Ingredientes preparados • *Horno con el gratinador a potencia media-alta* •
Sartén grande, a fuego medio • *Cacerola grande, a fuego vivo*

Cerdo
600 g de solomillo de cerdo
1 cucharadita de pimienta de
   Jamaica; aceite de oliva

Arroz
1 cebolla roja; 1 tallo de apio
175 g de okra
2 pimientos de colores variados
1 cucharadita de pimentón dulce
1 pellizco de semillas de comino
1 cucharadita de semillas de hinojo
2 paquetes de 250 g de arroz
   integral cocido
1 limón
½ manojo de albahaca fresca

Salsa barbacoa
2 dientes de ajo
2 cucharaditas de salsa
   Worcestershire
4 cucharadas colmadas de kétchup
2 cucharadas de salsa HP
1 cucharada colmada de miel ligera
1 cucharada de salsa de soja
1 cucharadita de Tabasco
3 cucharadas de zumo de manzana

Para servir
encurtidos
4 cucharadas de yogur desnatado

PONTE A COCINAR

Corta el solomillo en dos longitudinalmente, ábrelo como un libro y aplánalo un poco con el puño • Frótalo con sal, pimienta y pimienta de Jamaica, y ponlo a freír en la sartén con una cucharada de aceite, dándole la vuelta cuando desarrolle una corteza de color dorado oscuro (unos 4 minutos) • Pela y trocea la cebolla, limpia el apio, las okra y los pimientos (quitándoles rabo y semillas) y échalo todo en la cacerola a medida que vayas teniéndolo listo, saltéalo con una cucharada de aceite y luego añade el pimentón, las semillas de comino y de hinojo y una taza de agua; remueve de vez en cuando.

Machaca el ajo con piel en un cuenco y añade el resto de ingredientes de la salsa y un pellizco de sal; remueve bien • Cuando el cerdo tenga una buena corteza por ambos lados, pásalo a una bandeja de horno • Échale por encima la mayor parte de la salsa y ponlo bajo el gratinador hasta que el cerdo quede bien asado • Echa el resto de la salsa en un cuenco para servir aparte.

Incorpora el arroz a la cacerola de las verduras, añade el zumo de limón, arranca las hojas de la albahaca, échalas por encima y sazona al gusto • Corta el cerdo glaseado una vez en la mesa y sírvelo acompañado del resto de salsa y encurtidos como pepinillos, coliflor, col lombarda o cualquier otra verdura en vinagre que sea crujiente y apetitosa • Echa el yogur sobre el arroz antes de servir.

TACOS DE CERDO DEFINITIVOS

CON FRIJOLES ESPECIADOS Y ENSALADA DE AGUACATE

4 RACIONES | 582 CALORÍAS

Ingredientes preparados • *Sartén grande, a fuego medio* • *Sartén mediana, a fuego medio*

Cerdo

350 g de falda de cerdo sin piel
1 cucharadita colmada de semillas
  de hinojo
1 cucharadita colmada de pimentón
  dulce

Frijoles

aceite de oliva
1 buen pellizco de semillas de comino
3 cebolletas
2 dientes de ajo
1 lata de 400 g de frijoles negros

Ensalada

1 guindilla roja o verde fresca
2 cogollos
½ manojo de cilantro fresco
1 aguacate maduro
1 tomate maduro grande
1 manzana
salsa de soja baja en sal
1 cucharada de aceite de oliva extra
  virgen
1 lima

Para servir

salsa de guindillas Lingham's
4 cucharadas de yogur natural
  desnatado
8 tacos de maíz

PONTE A COCINAR

Corta la carne en dados de 1 cm y fríela en la sartén grande con las semillas de hinojo, el pimentón, la sal y la pimienta, removiendo a menudo • Echa una cucharada de aceite de oliva y las semillas de comino en la sartén mediana • Limpia las cebolletas, córtalas a rodajas, machaca el ajo con piel y añade ambos a la sartén; luego incorpora los frijoles con su jugo y déjalos pochar.

Corta la guindilla a rodajas finas, los cogollos y la mayor parte de las hojas del cilantro; luego corta el aguacate en dos, quítale el hueso y pélalo, y pícalo; pica también el tomate • Revuélvelo todo y ponlo en una bandeja, con la manzana rallada gruesa o cortada en bastoncillos por encima • Pon el yogur en un cuenco y échale un chorrito de salsa de guindillas.

Remueve los frijoles, cháfalos y saltéalos al gusto • Adereza la ensalada con un poco de salsa de soja, el aceite de oliva extra virgen y el zumo de lima y revuélvela • Saca el cerdo de la sartén eliminando el exceso de grasa y sírvelo todo enseguida, con un montón de tacos para rellenar y los demás elementos, todo decorado con las hojas de cilantro restantes.

SOLOMILLO DE CERDO
ARROZ Y SALSA HÚNGARA DE PIMIENTOS

4 RACIONES | 685 CALORÍAS

Ingredientes preparados • Agua hirviendo • Robot de cocina (con accesorio para cortar lonchas gruesas) • Cacerola grande, a fuego medio • Cazuela con tapa, a fuego medio • Plancha, a fuego vivo

Salsa

2 pimientos de colores diferentes
1 cebolla roja
1 zanahoria
1 bulbo de hinojo
1 manzana
aceite de oliva
2 cucharaditas de pimentón dulce,
 y un poco más para servir
4-5 hojas de laurel frescas
4 dientes de ajo
2 cucharadas de vinagre balsámico
700 g de tomate natural triturado

Carne

500 g de solomillo de cerdo
1 cucharadita de cilantro molido

Para servir

1 taza (300 g) de arroz integral o
 basmati de cocción rápida
70 g de rúcula
1 limón
4 cucharadas de yogur natural
 desnatado

PONTE A COCINAR

Quita las semillas a los pimientos, pela y corta la cebolla por la mitad, limpia la zanahoria, limpia el hinojo y córtalo en cuartos (reservando las hojas), y luego córtalo todo en el procesador con la manzana • Echa 2 cucharadas de aceite en la cacerola, añade las verduras a rodajas, el pimentón y las hojas de laurel, el ajo machacado sin pelar, sazona con sal y pimienta, y saltéalo todo removiendo de vez en cuando.

Echa una taza de arroz y 2 tazas de agua hirviendo en la cazuela mediana con un buen pellizco de sal, tápala y ponlo a cocer removiendo periódicamente • Corta el solomillo en 8 medallones, aplástalos con el puño y frótalos con sal, pimienta, el cilantro molido y una cucharadita de aceite; luego ásalos en la plancha hasta que estén bien hechos, dándoles la vuelta cuando se doren.

Añade el vinagre balsámico y el tomate triturado a las verduras, sazona al gusto y deja que cuezan • Espolvorea el arroz con un poco más de pimentón • Aliña la rúcula en su propia bolsa con el zumo de limón y un pellizco de sal, y luego echa la mayor parte en la salsa • Sirve la salsa en una bandeja, coloca el cerdo asado por encima y decora con el resto de rúcula • Echa el yogur por encima, reparte las hojas de hinojo que queden y sírvelo todo acompañado del arroz cocido.

CERDO JAMAICANO
ENSALADA DE MAÍZ ASADO Y TORTILLAS MEXICANAS

4 RACIONES | 641 CALORÍAS

Ingredientes preparados • *Horno a 180°/posición 4* • *Plancha, a fuego vivo* • *Sartén grande, a fuego vivo* • *Licuadora*

Ensalada

4 mazorcas de maíz
8 tortillas de maíz mexicanas
1 lechuga romana
2 cestitas de berros
1 puñado de tomates cherry maduros de diferentes colores
1 aguacate maduro
1 lima
1 cucharada de aceite de oliva extra virgen

Cerdo jamaicano

500 g de solomillo de cerdo
1 cucharadita de cilantro molido
aceite de oliva
4 cebolletas
1 manojo de cilantro fresco
2 dientes de ajo
1 trozo de jengibre de unos 4 cm
1 cucharada colmada de miel suave
½ guindilla caribeña (*Scotch Bonnet chilli*) u otra más suave
2 hojas de laurel frescas
1 cucharadita de pimienta de Jamaica
1 cucharada de salsa de soja
2 cucharadas de vinagre de vino tinto
6 tomates maduros medianos

Para servir

4 cucharadas de yogur desnatado

PONTE A COCINAR

Asa las mazorcas sobre la plancha, dándoles la vuelta a medida que se tuesten • Dispón las tortillas mexicanas alrededor de un cuenco resistente al calor y mételas en el horno 6 minutos para que queden crujientes • Corta el solomillo en 8 medallones, aplástalos ligeramente con el puño y luego frótalos con sal, pimienta y el cilantro molido antes de freírlos en la sartén con 1 cucharada de aceite de oliva, dándoles la vuelta de vez en cuando hasta que queden dorados y bien hechos.

Limpia las cebolletas y ponlas con la mayor parte del cilantro fresco, el ajo y el jengibre pelados y el resto de los ingredientes en la licuadora con un chorro de agua; bátelo todo hasta obtener una mezcla homogénea • Retira el cerdo del fuego, echa la salsa jamaicana en la sartén y dale un hervor; luego vuelve a meter el cerdo y déjalo hasta que se reduzca la salsa • Recorta la lechuga y ve separando las hojas; disponlas en el cuenco de las tortillas • Sostén con cuidado las mazorcas tostadas y pasa un cuchillo por los lados para sacar los granos; incorpóralos al cuenco.

Echa los berros al cuenco, los tomates cherry troceados y el aguacate pelado y sin hueso, y mézclalo todo con suavidad • Vierte el zumo de lima por encima, añade el aceite de oliva extra virgen y un pellizco de sal y pimienta • Sirve el cerdo con la salsa, decorado con las hojas de cilantro restantes y unas cucharadas de yogur, y la ensalada de tortillas al lado (puedes usar parte de la salsa picante como aliño de la ensalada).

CERDO AL MARSALA
ARROZ CON PORCINI Y VERDURA

4 RACIONES | 574 CALORÍAS

Ingredientes preparados • Agua hirviendo • Cacerola mediana con tapa, a fuego medio • Sartén grande, a fuego vivo • Cazuela mediana con tapa, a fuego medio

Arroz

1 taza (300 g) de arroz integral o basmati de cocción rápida
1 puñadito de funghi porcini (setas calabaza o ceps) secos
½ limón
unas ramitas de tomillo fresco

Cerdo

500 g de solomillo de cerdo
1 cucharadita colmada de cilantro molido
1 cucharadita colmada de pimentón dulce
aceite de oliva
1 cebolla roja pequeña
unas ramitas de salvia fresca
1 chorrito de marsala
70 ml de crema de leche, y un poco más para servir

Verdura

1 col de Saboya pequeña
1 cubito de caldo de pollo
100 g de acelgas u otras verduras oscuras
½ limón
1 cucharada de aceite de oliva extra virgen

PONTE A COCINAR

Pon a cocer 1 taza de arroz con 2 tazas de agua hirviendo en la cacerola, con las setas rotas, un pellizco de sal, el medio limón y el tomillo, y tapa • Vuelve a poner agua a hervir • Corta el solomillo por la mitad longitudinalmente, ábrelo como un libro y aplánalo un poco con el puño • Frótalo con sal, pimienta, el cilantro molido y el pimentón y luego ponlo en la sartén con 1 cucharada de aceite de oliva, dándole la vuelta de vez en cuando hasta que quede dorado y bien hecho.

Arranca y limpia las hojas externas de la col, enróllalas como un puro y córtalas en rodajas finas • Corta la parte interior de la col en cuñas finas y luego pon toda la col a cocer con agua hirviendo en la cazuela mediana con el cubo de caldo desmenuzado; tapa la cazuela • Pica bien la cebolla, arranca las hojas de salvia y añade ambas cosas al cerdo para que se frían unos minutos • Añade las acelgas a la cazuela de la col y tapa • Cuando el cerdo esté bien hecho, añádele un chorro de marsala, préndele fuego con cuidado usando una cerilla (si quieres) y deja que se consuman las llamas.

Pasa el cerdo a una tabla, echa la crema de leche en la sartén y añade un cucharón o dos de caldo de las verduras, deja que hierva y que reduzca hasta obtener una buena consistencia • Exprime el otro medio limón sobre las verduras, añade un chorro de aceite de oliva virgen y remueve bien • Airea el arroz, corta el cerdo en lonchas de 1 cm, echa la salsa por encima y sirve las verduras al lado • Si quieres, decora el cerdo echando una cucharadita de crema de leche por encima.

CORDERO

CHUPA-CHUPS DE CORDERO
CON CURRY, ARROZ Y GUISANTES

4 RACIONES | 632 CALORÍAS

Ingredientes preparados • Agua hirviendo • Cazuela mediana con tapa, a fuego vivo • Dos sartenes antiadherentes grandes, a fuego medio-alto

Arroz y guisantes

1 taza (300 g) de arroz integral o
   basmati de cocción rápida
8 clavos
40 g de lentejas rojas secas
300 g de guisantes frescos sin
   vaina

Cordero

8 costillas de cordero grandes con
   el hueso a la vista, sin grasa
1 cucharada de garam masala
aceite de oliva
4 cebolletas
1 guindilla roja fresca
1 trozo de jengibre de unos 4 cm
4 pimientos rojos en conserva
1 cucharadita colmada de miel suave
vinagre balsámico
3 ramitas de cilantro seco

Salsa de curry

2 cucharadas de pasta korma de
   Patak's
1 lata de 400 g de leche de coco
   ligera
1 limón

Acompañamientos

2 poppadoms crudos
yogur natural desnatado

PONTE A COCINAR

Pon a cocer una taza de arroz, 2 tazas de agua hirviendo, un pellizco de sal y pimienta y los clavos en la cazuela mediana y tápala; remueve de vez en cuando • Frota el cordero con sal, pimienta y el garam masala, aplástalo un poco con el puño y luego fríelo en una de las sartenes con una cucharada de aceite, dándole la vuelta cuando adquiera consistencia y un tono dorado-amarronado.

Echa la pasta korma y la leche de coco en la otra sartén con el zumo de ½ limón, remueve bien, espera a que arranque el hervor y deja que cueza 5 minutos; luego apaga el fuego • Incorpora las lentejas a la cazuela del arroz • Limpia y corta en rodajas las cebolletas, la guindilla, el jengibre pelado y los pimientos, e incorpóralos al cordero • Echa los guisantes a la cazuela del arroz y las lentejas.

Pon la mitad de la salsa de curry en un cuenco (guarda el resto en la nevera para usarla otro día) • Rompe los poppadoms crudos y mételos en el microondas (a 800 W) 1 minuto o 2 para que se hinchen • En el último minuto, unta el cordero con la miel y un chorro de vinagre balsámico • Sírvelo decorado con hojas de cilantro y los poppadoms troceados, el arroz y los guisantes, el yogur y las cuñas de limón al lado.

ALBÓNDIGAS DE CORDERO
ENSALADA VERDE Y YOGUR CON HARISSA

4 RACIONES | 687 CALORÍAS

Ingredientes preparados • *Agua hirviendo* • *Sartén grande, a fuego medio* • *Cazuela grande con tapa, a fuego medio-alto*

Albóndigas
400 g de carne picada magra de cordero

1 cucharadita colmada de garam masala

aceite de oliva

1 pellizco de azafrán

½ o 1 guindilla roja fresca

2 cebolletas

½ manojo de cilantro fresco

2 dientes de ajo

1 lata de 400 g de garbanzos cocidos

350 g de tomate natural triturado

Ensalada
½ pepino

2 cogollos pequeños

1 manojo de rábanos

2 tomates maduros

1 cucharada de aceite de oliva extra virgen

1 limón

Para servir
1 cucharadita colmada de harissa

4 cucharadas colmadas de yogur natural desnatado

8 tortillas mexicanas integrales pequeñas

1 naranja

PONTE A COCINAR

Mezcla la carne picada con la sal, la pimienta y el garam masala en un bol • Divide la mezcla en cuatro partes y, con las manos mojadas, moldea 4 bolas con cada una • Ve echándolas en la sartén (con una cucharada de aceite de oliva) para ir friéndolas a medida que las tengas • Muévelas para que se doren uniformemente • Pon el azafrán en una taza, cúbrelo apenas con agua hirviendo y déjalo en remojo.

Corta la guindilla en rodajas finas, limpia las cebolletas y échalas, con los tallos del cilantro (reservando las hojas) en la cazuela grande con una cucharada de aceite de oliva y el ajo machacado con piel • Fríe 40 segundos, luego añade el azafrán con su agua, los garbanzos escurridos y el tomate triturado, pon la tapa y deja que cueza • En un platito, mezcla la harissa con el yogur.

Trocea y mezcla las verduras de la ensalada en una tabla • Añade el aceite de oliva extra virgen y el zumo de limón, y sazona al gusto • Aligera la salsa con un chorro de agua en caso necesario; luego échala en la sartén de las albóndigas y sazona al gusto • Mete las tortillas mexicanas 45 segundos en el microondas (a 800 W) • Sírvelo todo decorado con cuñas de naranja alrededor y las hojas de cilantro por encima.

COSTILLAS GLASEADAS
LASAGNETTI AL TOMATE CON ESPÁRRAGOS

*Ingredientes preparados • Agua hirviendo • Sartén grande, a fuego vivo •
Cacerola grande, a fuego medio*

Cordero

8 costillas de cordero grandes,
   limpias de grasa
aceite de oliva
unas ramitas de romero fresco
1 cucharada de miel suave
2 cucharadas de vinagre balsámico,
   y un poco más para servir

Lasagnetti

4 cebolletas
2 manojos de espárragos (600 g)
1 guindilla roja fresca
300 g de tomates cherry maduros
1 manojo de menta fresca
1 cabeza de ajo pequeña
300 g de hojas de lasaña fresca
30 g de parmesano

PONTE A COCINAR

Sazona las costillas con un pellizco de sal y ponlas a freír en la sartén con
una cucharada de aceite, dándoles la vuelta de vez en cuando hasta que
estén doradas (unos 8 minutos) • Corta los extremos de las cebolletas, la
guindilla y los espárragos, y córtalos en rodajas (deja las puntas de los espárragos enteras); corta los tomates cherry por la mitad • Saltea las verduras en la cacerola con 2 cucharadas de aceite.

Trocea la mayor parte de las hojas de la menta y añádelas a las verduras con
un pellizco de sal y pimienta; pon también 3 dientes de ajo machacados con
piel • Echa el romero y el resto de dientes de ajo sin pelar al cordero • Corta las láminas de lasaña en tiras de 2 cm de grosor y échalas sobre las verduras, cúbrelo todo con medio litro de agua hirviendo y mézclalo bien.

Baja el fuego del cordero y echa encima la miel y el vinagre balsámico para
que quede brillante; luego retíralo y resérvalo en un plato • Ralla queso
parmesano sobre los *lasagnetti* y apaga el fuego • Sirve la cacerola de pasta y verdura con el cordero, al que puedes añadirle un chorrito de vinagre
balsámico y el resto de las hojas de menta.

KOFTE DE CORDERO
PITTA Y ENSALADA GRIEGA

4 RACIONES | 587 CALORÍAS

*Ingredientes preparados • Agua hirviendo • Sartén grande, a fuego vivo •
Robot de cocina (con la hoja de batir)*

Kofte

400 g de carne picada magra de
  cordero
1 cucharadita de garam masala
aceite de oliva
25 g de pistachos pelados
unas ramitas de tomillo fresco
1 cucharada de miel ligera

Cuscús

½ manojo de menta fresca
1 guindilla roja fresca
½ taza (150 g) de cuscús

Ensalada

½ lechuga iceberg
½ cebolla roja
½ pepino
5 tomates cherry maduros
4 aceitunas negras (con hueso)
4 cucharadas colmadas de yogur
  natural desnatado
2 limones
40 g de queso feta

Para servir

4 panes pitta

PONTE A COCINAR

En un bol grande, mezcla la carne picada con sal, pimienta y el garam masala • Divide la mezcla en 8 partes y, con las manos húmedas, dales forma
de cilindros gruesos • Ponlos a freír en la sartén con una cucharada de aceite, moviéndolos hasta que queden dorados por todas partes • Arranca la
mayor parte de las hojas de la menta y pícalas en el robot con un pellizco de
sal y pimienta y la guindilla • Retira la hoja de batir, añade ½ taza de cuscús
y 1 taza de agua hirviendo, tapa el vaso del robot y deja que repose la mezcla.

Corta la lechuga en cuñas y disponlas sobre una bandeja o una tabla bonita
• Pela y trocea la cebolla y el pepino, ponlos en un cuenco, sazónalos bien
con sal y apriétalos con las manos para que suelten todo el líquido con la
sal; échalos sobre la lechuga • Trocea los tomates y añádelos; luego machaca las aceitunas, quítales el hueso y échalas por encima • En un cuenco,
mezcla el yogur con el zumo de un limón, sazona al gusto y viértelo por
encima de la ensalada con el queso feta a trozos.

Pica los pistachos en un mortero • Elimina la grasa sobrante de la sartén de
los kofte y añade los pistachos picados, las hojas de tomillo y la miel; apaga
el fuego • Calienta los panes pitta en el microondas (800 W) 45 segundos,
córtalos por la mitad e incorpóralos a la tabla o bandeja con los kofte • Airea
el cuscús, sírvelo, echa el resto de hojas de menta por encima del conjunto
y acompáñalo con cuñas de limón.

TAGINE DE CORDERO RÁPIDO
CON BERENJENA FRITA Y CRUJIENTE DE COMINO

4 RACIONES | 523 CALORÍAS

Ingredientes preparados • Agua hirviendo • Sartén grande, a fuego vivo • Sartén mediana, a fuego medio

Cordero con berenjena
2 berenjenas pequeñas
300 g de carne de cuello de cordero
1 cucharadita colmada de garam masala
aceite de oliva
unas ramitas de cilantro fresco

Cuscús
1 taza (300 g) de cuscús

Crujiente de comino
1 cucharada colmada de pistachos pelados
1 cucharada colmada de semillas de sésamo
1 cucharada de semillas de comino

Verduras
1 buen pellizco de azafrán
650 g de tomates maduros de varios tonos
1 limón en conserva
4 cebolletas
½ o 1 guindilla roja fresca

Para servir
4 cucharadas de yogur natural desnatado

PONTE A COCINAR

Cuece las berenjenas enteras en el microondas (a 800 W) 7 minutos • Pon una taza de cuscús y 2 tazas de agua hirviendo en un bol y tápalo • Corta la carne en 8 trozos y aplánalos con el puño; luego sazónalos con sal, pimienta y el garam masala • Ponlos a freír en la sartén grande con una cucharada de aceite, dándoles la vuelta a medida que se doren • Tuesta el comino, el sésamo y los pistachos en la sartén mediana hasta que se doren y luego muélelos en el mortero • Vuelve a ponerlos en la sartén, a fuego suave.

Con cuidado, pasa las berenjenas a una tabla, córtalas por la mitad a lo largo y luego mételas en la sartén del cordero, con la piel abajo, apartando el cordero a los lados • Pon el azafrán en una taza medio llena de agua hirviendo • Trocea los tomates, pica bien el limón en conserva, limpia y corta en rodajas las cebolletas y la guindilla, e incorpóralo todo a la sartén mediana con 2 cucharadas de aceite, el azafrán y su agua • Aviva el fuego, deja que cueza y sazona al gusto.

Airea el cuscús y sírvelo en una tabla o bandeja grande • Dale la vuelta a la berenjena para que absorba los jugos de la sartén y luego ponla sobre el cuscús, con los tomates y el resto del jugo por encima • Añade el cordero y el comino, el sésamo, el pistacho y las hojas de cilantro por encima • Sirve acompañado del yogur.

CORDERO A LA MOSTAZA

PURÉ IRLANDÉS Y ENSALADA DE BERROS Y MANZANA

4 RACIONES | 538 CALORÍAS

Puré

3 puerros
800 g de patatas
leche semidesnatada
1 nuez moscada entera, para rallar
opcional: un poco de mantequilla
    sin sal

Cordero

400 g de filetes de cuello de
    cordero
2 cucharaditas de mostaza inglesa
    en polvo
aceite vegetal
1 cucharada colmada de harina
250 ml de sidra de calidad
2 cucharaditas colmadas de salsa
    de menta

Ensalada

1 corazón de apio
1 manzana
100 g de berros
1 manojo de menta fresca
1 cucharada de vinagre de sidra

Ingredientes preparados • Agua hirviendo • Robot de cocina (con accesorio para cortar lonchas gruesas y rallador) • Cazuela mediana con tapa, a fuego vivo • Sartén grande, a fuego vivo

PONTE A COCINAR

Corta los puerros en dos longitudinalmente, lávalos bajo el grifo y luego córtalos a rodajas gruesas en el robot, con las patatas, ponlos ambos en la cazuela mediana, con un pellizco de sal, cúbrelos con agua hirviendo, tapa la cazuela, y ponlos a cocer hasta que veas que estén tiernos; luego cuélalos • Corta cada uno de los trozos de carne por la mitad y ábrelo como un libro • Sazónalos con sal, pimienta y la mostaza en polvo, luego ponlos a freír en la sartén con una cucharada de aceite, dándoles la vuelta cuando estén dorados.

Pon el accesorio rallador en el robot, retira y reserva las hojas amarillas del apio y ralla los tallos, así como la manzana • Echa el apio y la manzana rallados en una bandeja, con los berros • Trocea las hojas de la menta y espárcelas por encima • Aliña con vinagre de sidra y una cucharada de aceite, sazona al gusto y remueve.

Tritura las patatas y los puerros cocidos, sazona al gusto y luego suaviza el puré resultante con un chorro de leche, a tu gusto, un poco de nuez moscada y la mantequilla —si la usas—, y pásalo a una bandeja grande • Pon el cordero en otra bandeja y luego echa la harina a la sartén de la carne y, después, la sidra • Incorpora los jugos que hayan quedado del cordero y la salsa de menta y dale un hervor • Corta el cordero y sírvelo acompañado del puré y la salsa • Decóralo con las hojas de apio reservadas y sirve la ensalada al lado.

TORTITAS TURCAS
ENSALADA FINA, FETA Y HIERBAS

4 RACIONES | 525 CALORÍAS

Tortitas

aceite de oliva
250 g de carne picada magra de
　cordero
1 cucharadita de semillas de comino
1 cucharadita de pimentón dulce
50 g de nueces peladas
2 ramitas de romero fresco
2 dientes de ajo
2 cucharadas de tomate natural
　triturado
1 limón
4 tortillas mexicanas grandes

Ensalada

4 cebolletas
1 pimiento verde
¼ de pepino
3 tomates maduros
1 cogollo
½ manojo de cilantro fresco
½ manojo de eneldo fresco
1 cucharada de aceite de oliva extra
　virgen
1 cucharada de vinagre de vino tinto
30 g de queso feta

Para servir

4 cucharaditas colmadas de humus
opcional: salsa de guindillas Lingham's
opcional: guindillas en vinagre

Ingredientes preparados • Horno a la potencia máxima (240°/posición 9) • Sartén grande, a fuego vivo • Robot de cocina (con accesorio para cortar lonchas finas)

PONTE A COCINAR

Echa una cucharada de aceite de oliva en la sartén y fríe la carne picada con sal, pimienta, las semillas de comino y el pimentón • Añade las nueces troceadas y las hojas de romero, y ve removiendo para que no se pegue con una cuchara de madera, hasta que la carne se dore • Limpia las cebolletas, elimina los tallos y las semillas del pimiento y corta ambos, con el resto de verduras y hierbas de la ensalada, en el robot; disponlas en una bandeja.

Machaca el ajo con piel y échalo en la sartén del cordero • Incorpora el tomate triturado y el zumo de limón y luego aparta la sartén del fuego • Coloca las tortillas sobre 2 grandes bandejas de horno y extiende la carne en una capa homogénea con el dorso de una cuchara • Mételas en el horno 5 minutos para que queden crujientes.

Aliña las verduras de la ensalada con el aceite de oliva extra virgen y el vinagre, remueve bien, sazona al gusto y echa el queso feta por encima • Cubre las tortillas con abundante ensalada y sírvelas acompañadas de humus, y la salsa de guindillas o los encurtidos, si quieres.

PESCADO

LUBINA ASIÁTICA
ARROZ GLUTINOSO Y VERDURAS ALIÑADAS

4 RACIONES | 629 CALORÍAS

Ingredientes preparados • Agua hirviendo • Cazuela mediana con tapa, a fuego medio • Cacerola a fuego medio • Robot de cocina (con la hoja de batir)

Pescado

4 lubinas pequeñas enteras (de unos 300 g cada una), limpias y desescamadas
1 trozo de jengibre de unos 4 cm
2 dientes de ajo
1 ramita de limoncillo
1 manojo de cilantro fresco
1 guindilla roja fresca
2 cebolletas
3 cucharadas de salsa de soja baja en sal, y un poco más para servir
1 cucharada de salsa de pescado
aceite de sésamo
2 limas

Arroz

1 lata de 400 g de leche de coco ligera
1 lata de leche de coco (300 g) de arroz basmati

Verduras

1 manojo de espárragos (300 g)
2 pak choi
200 g de tirabeques
1 lima

PONTE A COCINAR

Haz 5 cortes en cada lado del pescado, llegando hasta la espina, sazónalos y colócalos en una bandeja alta en la que no se muevan demasiado • Añade 400 ml de agua hirviendo. Tápala bien con una doble capa de papel de aluminio y ponla a fuego medio para que se cuezan • Echa la leche de coco, una medida —la lata vacía de la leche de coco— de arroz y otra de agua hirviendo en la cazuela mediana (usa un trapo para no quemarte) • Añade un pellizco de sal, remueve bien, tapa y deja cocer unos 10 minutos, removiendo ocasionalmente, y luego apaga el fuego • Echa el resto del agua hirviendo en la cacerola.

Pela el jengibre, el ajo y las hojas exteriores del limoncillo, pícalo todo un poco y ponlo en el vaso del robot • Añade los tallos del cilantro (reserva las hojas), la guindilla, las cebolletas limpias, la salsa de soja y la de pescado, una cucharadita de aceite y el jugo de 2 limas, y bátelo todo hasta que te quede bien triturado; luego pásalo a un cuenco.

Quítale el extremo a los espárragos, corta las pak choi por la mitad y añade ambas cosas y los tirabeques al agua que hierve en la cacerola • Deja que las verduras cuezan 2 minutos, cuélalas y escúrrelas. Aliña con una cucharada de aceite y el jugo de una lima, sazona al gusto con salsa de soja y sírvelas con el arroz • Destapa el pescado, vierte un poco del jugo de su cocción a la salsa y luego vuelve a echarlo todo sobre el pescado • Decóralo con las hojas de cilantro.

LANGOSTINOS CAJÚN A LA PLANCHA

PURÉ DE BONIATO Y «TRINIDAD» DE VERDURAS SUREÑAS

4 RACIONES | 396 CALORÍAS

Puré
800 g de boniatos
40 g de queso cheddar

Langostinos
16 langostinos tigre crudos sin pelar
3 dientes de ajo
1 cucharada colmada de especias
    cajún
aceite de oliva
½ manojo de tomillo fresco
1 limón

Verduras
1 pimiento verde
1 pimiento rojo
2 tallos de apio
5 cebolletas
½ guindilla roja fresca
1 gran puñado de maíz congelado
1 cucharadita de pimentón dulce

Ingredientes preparados • Agua hirviendo • Robot de cocina (con accesorio para cortar lonchas gruesas) • Horno con el gratinador a alta potencia • Cazuela grande con tapa, a fuego vivo • Sartén grande, a fuego medio

PONTE A COCINAR

Lava los boniatos y córtalos en rodajas gruesas en el robot • Métolos en la cazuela con un pellizco de sal, cúbrelos con agua hirviendo y ponlos a cocer con la tapa puesta • Pon los langostinos en una plancha, machaca el ajo con piel y échalo por encima, así como las especias cajún, una cucharada de aceite y las ramitas de tomillo • Extiéndelos en una única capa y ponlos a fuego vivo un par de minutos hasta que se doren por debajo; luego métolos en el horno, bajo el gratinador, hasta que queden dorados y crujientes también por arriba.

Quita las semillas a los pimientos, trocéalos y ponlos a freír en la sartén con una cucharada de aceite • Limpia el apio, las cebolletas y córtalos en rodajas; corta también la guindilla y añade las tres cosas a la sartén, junto al maíz y el pimentón • Sazona con sal y pimienta y ve removiendo.

Cuando estén cocidos, escurre los boniatos en un colador • Vuelve a meterlos en la cazuela y tritúralos bien • Añade el queso rallado, mezcla bien y sazona al gusto • Echa las verduras por encima del puré y sírvelo junto a los langostinos, decorados con unas cuñas de limón.

BRIKS CRUJIENTES DE CANGREJO ENSALADA DE CUSCÚS Y SALSA

4 RACIONES | 457 CALORÍAS

Ingredientes preparados • Agua hirviendo • Sartén grande, a fuego medio • Robot de cocina (con accesorio rallador grueso)

Briks

1-2 limones en conserva

2 cebolletas

½ manojo de cilantro fresco

400 g de carne de cangrejo (marrón y blanca)

2 cucharadas de harissa, y más para servir

4 hojas grandes de pasta filo (de un paquete de 270 g)

aceite de oliva

Ensalada

½ cucharadita de semillas de alcaravea

½ taza (150 g) de cuscús

2 cucharaditas de concentrado de tomate

½ bulbo de hinojo

½ manojo de menta fresca

1 limón

aceite de oliva extra virgen

1 granada

Salsa

1 tomate maduro grande

1 trozo de jengibre de unos 4 cm

½ limón

Para servir

yogur natural desnatado

PONTE A COCINAR

Pica muy fino los limones en conserva, las cebolletas limpias y el cilantro (tallos y hojas) • Mézclalo todo en un cuenco con la carne de cangrejo y la harissa • Extiende una hoja de pasta filo, añade una cuarta parte de la mezcla y dale una forma rectangular, del tamaño de una baraja de naipes, luego presiona con el pulgar en el centro para hacer un hueco en el interior y que pueda crecer al cocerse • Pliega los lados de la pasta y haz un paquetito • Repite hasta obtener 4 briks • Echa una cucharada de aceite de oliva en la sartén y pon a freír los briks hasta que queden dorados y crujientes por ambos lados • Echa las semillas de alcaravea a un lado de la sartén y tuéstalas un minuto; luego ponlas en una ensaladera.

Echa ½ taza de cuscús, 1 taza de agua hirviendo, el tomate concentrado y un pellizco de sal en la ensaladera y tápala • Corta las hojas del hinojo y resérvalas; trocea y ralla el bulbo con el robot • Echa el hinojo rallado en la ensaladera, y también las hojas de la menta troceadas • Añade el jugo de limón y 1 cucharada de aceite de oliva extra virgen • Sazona al gusto y mézclalo todo bien.

Ralla bien el tomate y el jengibre y ponlos en un cuenco • Añade un pellizco de sal y pimienta, un buen chorro de jugo de limón y una cucharada de aceite de oliva extra virgen y mezcla bien • Airea el cuscús y sírvelo en una bandeja • Amontona la ensalada en el centro y luego vacía la granada por encima cortándola por la mitad y dándole golpes con una cuchara • Dispón las hojas de hinojo a modo de decoración, sirve los briks de cangrejo sobre una tabla y acompáñalos con unas cucharadas de yogur y la salsa.

PARRILLADA MEDITERRÁNEA DE PESCADO
CON HINOJO Y CUSCÚS

4 RACIONES | 458 CALORÍAS

Ingredientes preparados • Agua hirviendo • Horno a la potencia máxima (240°/posición 9) • Cazuela grande con tapa, a fuego suave • Robot de cocina (con accesorio para cortar lonchas finas)

Pescado

1 manojo de perejil de hoja lisa

1 guindilla roja fresa

12 tomates cherry maduros de tonos diversos

2 dientes de ajo

aceite de oliva

½ limón

400 g de cortes de pescado variado (lubina, salmonete, pargo), sin escamas ni espinas

4 gambas jumbo sin pelar

500 g de almejas y mejillones, limpios y sin barbas

Cuscús

1 taza (300 g) de cuscús

Hinojo

4 tomates secados al sol en conserva

1 ramita de romero fresco

1 puñado de aceitunas variadas (con hueso)

2 bulbos de hinojo

1 limón

Para servir

1 limón

4 cucharadas de yogur natural desnatado

PONTE A COCINAR

Trocea las hojas de perejil y la guindilla y échalas en una bandeja de horno grande y alta, con los tomates • Agrega el ajo machacado con piel y 1 cucharada de aceite, sal, pimienta y el jugo de ½ limón • Corta los filetes de pescado y añádelos a la bandeja con el marisco (descarta los mejillones o almejas que no se cierren al darles un golpecito), y mézclalo todo • Cuécelo todo 10 minutos en el horno, o hasta que las almejas y los mejillones se abran (descarta los que no se abran).

Echa 1 taza de cuscús, 2 tazas de agua hirviendo y un pellizco de sal y pimienta en un cuenco y tápalo • Pon los tomates secados al sol y un chorro de su propio aceite, las hojas de romero y las aceitunas en la cazuela grande • Secciona los bulbos de hinojo por la mitad y córtalos en rodajas finas con el robot, incorpóralos a la cazuela con un pellizco de sal y el jugo de un limón • Sube el fuego y déjalos cocer con la tapa puesta. Remuévelos de vez en cuando.

Airea el cuscús • Sazona el hinojo al gusto • Sírvelo junto a la bandeja del pescado, con unas cuñas de limón y unas cucharadas de yogur.

PESCADO ASIÁTICO
FIDEOS AL MISO Y VERDURAS CRUJIENTES

4 RACIONES | 559 CALORÍAS

Ingredientes preparados • Agua hirviendo • Horno a 240°/posición 9 • Cacerola, a fuego vivo • Robot de cocina (con accesorio para cortar lonchas finas)

Pescado

2 cucharaditas de aceite de sésamo
300 g de filetes de salmón, sin piel
    ni espinas
300 g de filetes de cualquier
    pescado blanco, sin piel ni
    espinas
1 cucharada de semillas de sésamo
1 lima
1 cucharada de miel ligera
2 ramitas de cilantro fresco

Fideos

1 bolsita de 15 g de pasta miso
2 cucharadas de salsa de soja baja
    en sal, y un poco más para servir
5 hojas secas de lima kaffir
    (o combava)
3 nidos de pasta al huevo
1 guindilla roja fresca
½ pepino
200 g de tirabeques
4 cebolletas
1 cogollo
200 g de rábanos
1 lima
2 cucharadas de aceite de oliva
    extra virgen

PONTE A COCINAR

Frota el fondo de una bandeja de horno pequeña con la mitad del aceite de sésamo • Seca bien los dos pescados con papel de cocina, córtalos en tiras de 1 cm y repártelas por la bandeja • Frota el pescado suavemente con el resto del aceite de sésamo y sazona con sal y pimienta • Echa por encima las semillas de sésamo, la ralladura de una lima y la mitad de su jugo, y a continuación la miel • Mete la bandeja en el horno y cuece el pescado unos 7 minutos.

Echa un litro de agua hirviendo en la cacerola con la pasta miso, la salsa de soja, las hojas de lima rotas y los fideos, asegurándote de que queden bien cubiertos • Corta la guindilla en rodajas y añádela al caldo • Corta el pepino, los tirabeques, las cebolletas limpias, la lechuga y los rábanos en rodajas finas con ayuda del robot.

Echa las verduras cortadas en un cuenco y alíñalas con el jugo de una lima, un poco de salsa de soja y el aceite de oliva extra virgen • Comprueba que los fideos estén cocidos y apaga el fuego; sazona el caldo a tu gusto echando más salsa de soja si quieres • Apila las verduras sobre los fideos, en el centro, y sírvelos juntos • Presenta el pescado decorado con hojas de cilantro.

CÓCTEL DE GAMBAS
CON GAMBAS JUMBO Y PAN DE TOMATE

4 RACIONES | 525 CALORÍAS

Ingredientes preparados • Robot de cocina (con la hoja de batir) • Sartén de 28 cm, a fuego medio • Sartén mediana, a fuego medio

Pan

200 g de harina con levadura, y algo
    más para espolvorear
100 g de tomates secados al sol en
    conserva
3 ramitas de albahaca fresca
aceite de oliva

Cóctel de gambas

1 puñado de semillas variadas
3 cebolletas
1 lechuga romana; ½ pepino
3 tomates maduros de tonos variados
1 aguacate maduro
1 cestita de berros
400 g de gambas cocidas peladas
    pequeñas
4 cucharadas de yogur desnatado
1 cucharadita de salsa
    Worcestershire
1 cucharadita de Tabasco
1 cucharada colmada de kétchup
1 cucharada de brandy
1 limón
1 cucharadita de aceite de oliva

Gambas jumbo

1 buen pellizco de pimienta de
    Cayena
4 gambas jumbo grandes sin pelar
4 dientes de ajo

PONTE A COCINAR

Bate la harina, los tomates secados al sol (escurridos) y la albahaca en el robot, y ve añadiendo agua a chorritos para formar una bola de masa • En una superficie enharinada, moldea la masa hasta obtener un círculo de 28 cm • Echa una cucharada de aceite de oliva en la sartén de 28 cm y pon la masa encima, estírala hacia los bordes y fríela hasta que quede dorada, dándole la vuelta hacia la mitad del proceso (unos 5 minutos por cada lado) • Tuesta las semillas en la sartén mediana, removiendo con frecuencia.

Sobre una tabla bonita, corta a trozos irregulares las cebolletas limpias, la lechuga, el pepino y los tomates • Estruja el aguacate, quítale la semilla y saca la pulpa; échala por encima, y también los berros • Coloca las gambas pequeñas en el centro de la ensalada y las semillas tostadas en un lado; vuelve a poner la sartén al fuego • Echa una cucharada de aceite de oliva a la sartén mediana y fríe las gambas jumbo con la pimienta de Cayena y el ajo machacado con piel; ve dándoles la vuelta a menudo hasta que estén doradas.

En un cuenco, mezcla el yogur con la salsa Worcestershire, el Tabasco, el kétchup, el brandy y el jugo de ½ limón, y sazona al gusto • Echa la salsa sobre las gambas pequeñas • Cuando las gambas jumbo estén crujientes, disponlas sobre la tabla • Echa un chorrito de aceite de oliva y jugo de limón desde cierta altura, y acompáñalo todo con el delicioso pan que has elaborado a trozos.

YORKSHIRE PUDDING
DE SALMÓN AHUMADO, REMOLACHA Y ESPÁRRAGOS

4 RACIONES | 407 CALORÍAS

Yorkshire pudding

aceite de oliva
2 o 3 ramitas de romero fresco
2 huevos grandes
150 ml de leche semidesnatada
65 g de harina
180 g de salmón ahumado de
   calidad

Remolacha y espárragos

1 manojo de espárragos (300 g)
250 g de remolacha cocida
   envasada al vacío
4 cucharadas de vinagre balsámico
1 cucharadita colmada de miel
   suave
2 cestitas de berros
2 ramitas de albahaca fresca
½ limón

Aliño

3 cucharadas colmadas de yogur
   natural desnatado
2 cucharadas colmadas de rábano
   picante rallado
1 limón

Ingredientes preparados • Horno a 200°/posición 6 • Sartén antiadherente y resistente al horno de 28 cm, a fuego vivo • Licuadora • Plancha, a fuego vivo • Cacerola, a fuego medio

PONTE A COCINAR

Calienta 2 cucharadas de aceite en la sartén y echa dentro las hojas de romero • Casca los huevos y bátelos en la licuadora con la leche y la harina hasta obtener una mezcla homogénea • Extiende las hojas de romero por la sartén y luego echa encima la mezcla batida; déjala que se fría 30 segundos y luego mete la sartén en el horno y deja que la pasta se dore (unos 13 minutos) • Recorta los espárragos y ponlos en seco sobre la plancha, dándoles la vuelta hasta que queden marcados por todas partes.

Escurre y corta la remolacha en rodajas o en dados y luego ponla al fuego en la cacerola con el vinagre balsámico y la miel, removiendo de vez en cuando; retírala del fuego cuando empiece a ponerse pegajosa • En un cuenco, mezcla el yogur y el rábano picante rallado y sazónalo al gusto con sal, pimienta y jugo de limón • Esparce los berros sobre una tabla bonita y pon la remolacha por encima; luego coloca unas hojas de albahaca rotas por encima.

Sazona los espárragos con un chorro de jugo de limón, sal y pimienta, y pásalos inmediatamente a la tabla • Espera hasta que el Yorkshire pudding crezca y presente un bonito aspecto • Cuando tenga tan buena pinta que ya no puedas esperar más, sácalo del horno, colócalo sobre la tabla y luego haz rollitos con el salmón ahumado y ponlo por encima • Sírvelo enseguida con cuñas de limón al lado.

ATÚN A LA PLANCHA
ENSALADA «CASI» NIÇOISE

4 RACIONES | 491 CALORÍAS

Ingredientes preparados • Agua hirviendo • Cazuela mediana con tapa, a fuego vivo • Plancha, a fuego vivo • Licuadora

Ensalada

350 g de judías verdes y amarillas

½ baguette

12 aceitunas negras (con hueso)

3 tomates maduros de tonos variados

1 lechuga romana

20 g de queso feta

1 limón

Atún y aderezos

1 puñado grande de albahaca fresca

6 filetes de anchoa

1 limón

4 cucharadas de aceite de oliva extra virgen

2 filetes de atún de 200 g (y 2,5 cm de grosor)

1 cucharada de vinagre de vino tinto

1 cucharadita colmada de mostaza con grano

1 cucharadita de miel suave

PONTE A COCINAR

Pon la judías alineadas y córtales las puntas, échalas en la cazuela con un pellizco de sal, cúbrelas con agua hirviendo, tápalas y ponlas a cocer • Corta la baguette en rodajas de 2 cm y ponlas sobre la plancha; dóralas por ambos lados • Escoge 10 ramitas de albahaca de hojas pequeñas y resérvalas • Arranca el resto de hojas y pásalas por la licuadora con las anchoas, el jugo de un limón, el aceite de oliva extra virgen y un chorro de agua.

Echa más o menos el 40% del aliño en el fondo de una bandeja bonita y resérvala • Frota el atún con otro 10% y sazónalo con sal y pimienta • Vierte el resto en un gran cuenco con el vinagre, la mostaza y la miel, y mézclalo bien • Cuela las judías cocidas, quítales el hueso a las aceitunas, trocea los tomates, échalo todo al cuenco con el aliño y mezcla bien.

Pon el atún sobre la plancha y ásalo 2 minutos por cada lado, o hasta que adquiera color por el centro • Corta la lechuga en trozos de 2 cm, rompe las tostadas en picatostes y distribúyelos sobre una tabla grande con la lechuga • Echa por encima las judías aliñadas, las aceitunas y los tomates • Parte cada filete de atún por la mitad y colócalos en la bandeja con el aliño en el fondo • Echa por encima las hojas de albahaca reservadas y el queso feta a trozos, y acompáñalo con cuñas de limón.

ALBÓNDIGAS PEGAJOSAS DE CALAMAR
SOPA DE FIDEOS CON LANGOSTINOS A LA PLANCHA

Ingredientes preparados • Agua hirviendo • Cazuela grande con tapa, a fuego vivo • Robot de cocina (con accesorio para cortar lonchas finas) • Sartén grande, a fuego medio

Caldo

2 cubos de caldo de pollo
400 g de tirabeques
½ col china
2 guindillas rojas frescas
200 g de broccolini (brécol de tallos tiernos)
2 pak choi
1 manojo de rábanos
1 trozo de jengibre de unos 4 cm
1 cucharada de salsa de pescado
2 cucharadas de salsa de soja baja en sal
4 nidos de pasta al huevo
2 limas

Calamares y langostinos

225 g de calamares frescos, sin tripas y limpios
½ manojo de cilantro fresco
1 cucharadita de aceite de sésamo
225 g de langostinos tigre grandes, pelados y crudos
salsa de guindilla dulce
1 cucharada de semillas de sésamo

PONTE A COCINAR

Echa 1,5 litros de agua hirviendo en la cazuela grande y añade los cubos de caldo desmenuzados • Corta los tirabeques, la col china y una guindilla en rodajas con ayuda del robot, y échalos en un cuenco grande • Recorta los extremos de los broccolini, corta en cuartos las pak choi y añade ambas verduras al cuenco, así como los rábanos • Ralla muy fino la mitad del jengibre pelado y pica bien media guindilla, y añade ambos al caldo, así como la salsa de pescado y la de soja; tapa la cazuela.

Pon la hoja de batir en el robot, echa en el vaso la guindilla y el jengibre restantes, los calamares (sécalos primero con papel de cocina), los tallos de cilantro, sal y pimienta, y pícalo todo hasta obtener una pasta; un minuto después, rebaña los restos de los lados del vaso con una espátula • Echa el aceite de sésamo en la sartén caliente • Con 2 cucharillas de postre, haz 8 bolas de calamar y ve echándolas en la sartén • Fríelas, dándoles la vuelta a medida que se doren, y luego añade las gambas.

Mete los fideos y las verduras en el caldo, vuelve a tapar la cazuela y deja que hierva de nuevo • Da la vuelta a las gambas, échales encima un poco de salsa de guindilla dulce, espolvorea con las semillas de sésamo y sacude un poco la sartén para que todo se mezcle • Echa el zumo de las limas en el caldo, remueve y corrige de sal • Sirve los fideos, las verduras y el caldo en tazones, y coloca las albóndigas y las gambas encima • Decora con las hojas de cilantro.

BESUGO A LA MARROQUÍ
CUSCÚS, GRANADA Y HARISSA

4 RACIONES | 611 CALORÍAS

Ingredientes preparados • Agua hirviendo • Sartén grande, a fuego medio • Robot de cocina (con la hoja de batir)

Pescado

4 besugos de 300 g enteros, sin cabeza ni cola, desescamados y limpios

aceite de oliva

1 gran pellizco de azafrán

4 cebolletas

unas ramitas de tomillo fresco

1 cucharadita de harissa, y un poco más para servir

Cuscús y salsa

1 taza (300 g) de cuscús

1 limón en conserva

70 g de orejones

6 pimientos rojos en conserva

1 manojo de cilantro fresco

1 granada

Para servir

2 cucharadas de pistachos pelados

1 cucharada de semillas de sésamo

4 cucharadas colmadas de yogur natural desnatado

1 cucharadita de agua de rosas

PONTE A COCINAR

Tuesta los pistachos y las semillas de sésamo en la sartén un minuto, retíralos y vuelve a poner la sartén al fuego • Marca el pescado con un cuchillo trazando en ambos lados una cruz que llegue a la espina • Sazónalo con sal y pimienta y ponlo a freír en la sartén con una cucharada de aceite (unos 3 minutos por cada lado) • Echa una taza de cuscús, 2 tazas de agua hirviendo y un pellizco de sal en un cuenco y tápalo • Pon el azafrán en remojo con 150 ml de agua hirviendo.

Tritura el limón en conserva, los orejones, los pimientos y la mitad del cilantro hasta obtener una pasta fina; pásala a un cuenco, añádele el jugo de ½ granada, mezcla, sazona al gusto y reserva • Corta las cebolletas limpias a rodajas y añádelas al pescado con las ramitas de tomillo, la harissa, el azafrán y su agua • Arruga y moja una hoja de papel parafinado y ponla sobre el pescado.

Echa el yogur en un cuenco, vierte el agua de rosas y un poco de harissa y remueve, sin acabar de fusionar los diferentes colores • Airea el cuscús y sírvelo en una bandeja o una tabla, sobre un lecho de salsa • Coloca el pescado encima, echa parte del jugo por encima y cubre con los pistachos y el sésamo • Coge la segunda mitad de la granada en la palma de la mano y golpéala con una cuchara para que los granitos vayan cayendo sobre la ensalada • Acaba de decorar con el resto de hojas de cilantro.

SALMÓN AL TÉ VERDE
ARROZ DE COCO Y VERDURAS CON MISO

4 RACIONES | 603 CALORÍAS

Ingredientes preparados • Agua hirviendo • Sartén grande, a fuego medio • Cazuela grande con tapa, a fuego medio • Cazuela mediana con tapa, a fuego medio • Licuadora

Salmón

4 filetes de salmón de 120 g, con piel, desescamados y sin espinas
2 bolsitas de té verde
aceite de oliva

Arroz

1 lata de 400 g de leche de coco ligera
1 lata de leche de coco (300 g) de arroz basmati
½ limón

Verduras

½ o 1 guindilla roja fresca
1 trozo de jengibre de unos 4 cm
1 cucharadita colmada de polvo de miso o 1 cucharada de pasta de miso
½ manojo de cilantro fresco
½ limón
2-3 cucharadas de salsa de soja baja en sal
1 cucharadita colmada de miel ligera
200 g de tirabeques
200 g de broccolini (brécol de tallos tiernos)
1 manojo de espárragos (300 g)
1 lima

PONTE A COCINAR

Pon el salmón en una bandeja, abre las bolsitas de té verde y esparce el contenido por encima del pescado, sazónalo con sal y pimienta, y frótalo bien • Ponlo a freír en la sartén, con la piel abajo, con 1 cucharadita de aceite, y ve dándole la vuelta para que se dore por todas partes • Pon a cocer la leche de coco, una medida de arroz (usando la lata vacía como medida) y otra de agua hirviendo en la cazuela grande (utiliza un trapo para no quemarte) • Añade ½ limón, remueve bien, tapa y deja cocer unos 10 minutos, removiendo de vez en cuando; luego apaga el fuego.

Corta ½ guindilla a rodajas finas para decorar y echa el resto en la licuadora con el jengibre pelado, el polvo o la pasta de miso, la mayor parte del cilantro, el jugo de ½ limón, la salsa de soja, la miel y un chorro de agua; bátelo todo hasta obtener una mezcla homogénea • Echa el resto del agua hirviendo en la cazuela mediana • Añade los tirabeques, los broccolini con los extremos recortados, los espárragos y un pellizco de sal, y deja que cuezan unos minutos, hasta que estén tiernos, pero no blandos.

Retira el salmón de la sartén, quítale la piel con cuidado y ponlo de nuevo a freír con el lado blando abajo para que se endurezca (unos 30 segundos) • Echa la salsa en el fondo de una bandeja, cuela las verduras y colócalas encima • Airea el arroz, mézclalo con el salmón desmenuzado, decóralo con la guindilla en rodajas y el resto de las hojas de cilantro, y acompáñalo con la piel crujiente del salmón y unas cuñas de lima.

TORTILLA ARNOLD BENNETT
FOCACCIA Y ENSALADA WALDORF CON EMMENTAL

Tortilla

250 g de abadejo ahumado sin
   colorantes
4 hojas de laurel frescas
8 huevos grandes
6 cebolletas
½ manojo de menta fresca
1 puñado generoso de guisantes
   congelados
aceite de oliva
5 g de parmesano

Ensalada

2 manzanas
1 limón
½ manojo de cebollinos frescos
1 puñado de nueces
75 g de berros
2 cucharadas de aceite de oliva
   extra virgen
30 g de queso Emmental

Para servir

200 g de pan de focaccia
1 limón

Ingredientes preparados • Agua hirviendo • Horno con el gratinador a máxima potencia • Cacerola grande, a fuego vivo • Sartén antiadherente y resistente al horno de 26 cm, a fuego medio

PONTE A COCINAR

Pon el pescado en la cacerola con las hojas de laurel y cúbrelo con agua hirviendo para que se poche • Mete la focaccia en el nivel más bajo del horno para que se tueste • Bate los huevos en un cuenco grande con un pellizco de sal y pimienta • Limpia y corta las cebolletas en rodajas finas, arranca las hojas de la menta y mézclalas con los huevos; agrega también los guisantes.

Con una espátula, saca el pescado y pásalo a un cuenco; desmenúzalo con un tenedor y descarta la piel • Aviva el fuego de la sartén, echa una cucharada de aceite de oliva y vierte la mezcla de huevo batido • Remueve un minuto hasta que empiece a cuajar • Echa por encima el abadejo pochado, ralla un poco de parmesano por encima y luego mete la sartén en el estante superior del horno para que la tortilla acabe de hacerse y quede esponjosa y dorada (unos 5 minutos).

En una tabla bonita y grande, corta las manzanas en bastoncillos o rállalas, y rocíalas enseguida con jugo de limón para que no se oxiden • Pica bien el cebollino y échalo por encima • Añade las nueces desmenuzadas, los berros y un chorrito de aceite de oliva extra virgen, mezcla bien y sazona al gusto • Echa también unas virutas de Emmental (córtalas con el pelador) • Saca la tortilla y la focaccia del horno y sírvelas enseguida, acompañadas de cuñas de limón.

MEJILLONES A LA MARROQUÍ
TOSTADITAS CON OLIVADA Y ENSALADA DE PEPINO

4 RACIONES | 549 CALORÍAS

*Ingredientes preparados • Bandeja de rustir grande y alta, a fuego suave •
Licuadora • Plancha grande, a fuego vivo*

Mejillones

aceite de oliva

3 dientes de ajo

2 cucharaditas colmadas de harissa

2 latas de 400 g de tomate
troceado

½ manojo de cilantro fresco

2 limones en conserva

1 pellizco de azafrán

2½ kg de mejillones, limpios y sin
barbas

Para servir

1 chapata

1 lechuga redonda, pequeña y
tierna

½ pepino

unas ramitas de menta fresca

½ limón

4 cucharadas de yogur natural
desnatado

½ diente de ajo

90 g de tomates secados al sol en
conserva con aceite

olivada *(tapenade)*

PONTE A COCINAR

Echa 2 cucharadas de aceite en la bandeja de rustir • Añade el ajo machacado con piel y la harissa, y remueve • Echa el tomate en la licuadora con la mayor parte del cilantro, la sal, la pimienta, los limones en conserva y el azafrán, tritúralo todo, viértelo en la bandeja y aviva el fuego.

Dale un hervor a la salsa y luego añade los mejillones (descarta los que estén abiertos y no se cierren al darles un golpecito). Cubre la bandeja con una doble capa de papel de aluminio y pellízcalo por los lados para sellarlo (usa un trapo para no quemarte) • Corta la chapata longitudinalmente en cuatro y pon las tiras resultantes en la plancha para que se tuesten • Corta la lechuga en cuartos y disponla en una tabla grande.

Con un rallador grueso, ralla el pepino, añádele un buen pellizco de sal, mézclalo bien y luego presiónalo para eliminar el exceso de agua salada; colócalo en un cuenco • Arranca las hojas de la menta, pícalas bien y añádelas al pepino, con el jugo de limón y el yogur; sazona al gusto y colócalo sobre la lechuga • Frota el pan tostado con ½ diente de ajo y extiende la olivada por encima • Comprueba si los mejillones se han abierto (descarta los que se hayan quedado cerrados) y luego hecha el resto de hojas de cilantro por encima, corrige de sal y pimienta la salsa, y sirve con las tostadas y la ensalada al lado.

VIEIRAS DORADAS
PURÉ «SONROSADO» Y VERDURAS

4 RACIONES | 441 CALORÍAS

Puré «sonrosado»

800 g de patatas

40 g de queso cheddar

70 g de tomates secados al sol en conserva con aceite

opcional: un chorrito de leche

Verduras

200 g de broccolini (brécol de tallos tiernos)

200 g de espárragos

200 g de guisantes congelados

1 cucharada de aceite de oliva extra virgen

½ limón

Vieiras

4 lonchas de beicon ahumado

12 vieiras grandes

aceite de oliva

20 hojas de salvia frescas

½ limón

Ingredientes preparados • Agua hirviendo • Cacerola grande y baja con tapa, a fuego vivo • Cazuela mediana, a fuego vivo • Robot de cocina (con la hoja de batir) • Sartén grande, a fuego medio

PONTE A COCINAR

Corta las patatas en rodajas de 1 cm de grosor, échalas en la cacerola con un pellizco de sal, cúbrelas con agua hirviendo y cuécelas con la tapa puesta • Rellena la *kettle* y ponla en el agua a hervir otra vez • Corta los extremos de los broccolini y de los espárragos (a mí me gusta pasar los espárragos por un cortador de judías verdes, pero puedes dejarlos enteros) • Pon ambas verduras en la cazuela mediana con los guisantes, cúbrelo todo con agua hirviendo y cuece 3 minutos • Cuela las verduras, aliña con aceite de oliva extra virgen y el zumo de ½ limón, y colócalas en un cuenco.

Mete el queso troceado en el vaso del robot, añade los tomates secados al sol y ½ cucharada de su aceite y bate bien la mezcla • Corta el beicon en tiras finas • Seca bien las vieiras con papel de cocina, márcalas por un lado haciéndoles cortes cruzados con un cuchillo y sazónalas con sal y pimienta • Echa una cucharada de aceite en la sartén caliente y pon las vieiras, con el lado marcado abajo • Saltéalas hasta que queden doradas por ambos lados; luego añade el beicon y las hojas de salvia.

Cuela las patatas, mételas en el vaso del robot y bate (el puré debe quedar consistente; si te pasas, quedará pringoso). Aligera la mezcla con un chorro de leche en caso necesario • Comprueba que el puré esté bien sazonado y sírvelo en una bandeja • Exprime ½ limón sobre las vieiras, agita la sartén y sírvelas enseguida con las verduras al lado.

UN KEDGEREE DE MIEDO
CON JUDÍAS, VERDURAS Y YOGUR AL CHILE

4 RACIONES | 474 CALORÍAS

*Ingredientes preparados • Agua hirviendo • Sartén grande, a fuego vivo •
Cazuela grande, a fuego medio • Cazuela mediana con tapa, a fuego medio*

Kedgeree

2 huevos grandes

4 hojas de laurel frescas

450 g de filetes de pescado blanco
   ahumado, sin escamas ni espinas

1 trozo de jengibre de unos 4 cm

1 guindilla roja fresca

1 manojo de cebolletas

1 manojo de cilantro fresco

2 cucharaditas colmadas de
   semillas de mostaza

2 cucharaditas colmadas de cúrcuma

aceite de oliva

2 paquetes de 250 g de arroz
   integral precocido

300 g de guisantes congelados

1 limón

Verduras

200 g de judía verde fina

1 manojo grueso de acelgas

1 cucharada de aceite de oliva extra
   virgen

½ limón

Yogur

3 cucharadas de yogur natural
   desnatado

1 cucharada de salsa de guindilla
   dulce

½ limón

PONTE A COCINAR

Llena la sartén de agua hirviendo, añade los huevos, las hojas de laurel y
el pescado ahumado y baja el fuego para que cuezan suavemente • Pica
bien o corta en rodajas finas el jengibre pelado, la guindilla, las cebolletas
limpias y el cilantro (reservando unas cuantas hojas) • Echa las semillas
de mostaza y la cúrcuma en la cazuela grande con una cucharada de aceite de oliva, y cuando crepiten, incorpora las verduras picadas; remueve de
vez en cuando.

Alinea las judías sobre la tabla y córtales las puntas, échalas en la cazuela
mediana con un pellizco de sal y ponlas a cocer con agua hirviendo y la tapa
puesta • Quítales el extremo a las acelgas, corta los tallos en rodajas e incorpóralos a la cazuela de las judías • Incorpora en la primera cazuela el
arroz precocido, los guisantes y el zumo de un limón • Añade las hojas de
las acelgas a la de las judías y déjalas cocer un minuto • Combina el yogur
con la salsa de guindilla y el zumo de ½ limón y remueve.

Escurre las verduras y deja que humeen • Con una espumadera retira el
pescado ahumado de la cazuela, elimina cualquier resto de piel, desmenúzalo y mézclalo bien con el arroz; sazona al gusto • Pela los huevos bajo el
chorro de agua fría del grifo y córtalos en cuartos, repártelos por la cazuela
del arroz y esparce por encima las hojas de cilantro reservadas • Aliña las
verduras y sírvelas en una tabla con el resto de aceite de oliva extra virgen
y el zumo de limón; sazona al gusto y sirve.

CABALLA POTENTE
CON ENSALADA DE TOMATE Y QUINOA

4 RACIONES | 431 CALORÍAS

Ingredientes preparados • Agua hirviendo • Cazuela mediana con tapa, a fuego medio • Sartén grande, a fuego vivo

Ensalada

1 taza (300 g) de quinoa

½ limón

800 g de tomates maduros de tonos diversos

1 guindilla roja fresca

2 cucharadas de aceite de oliva extra virgen

1 cucharada de vinagre balsámico

Caballa

4 caballas enteras de 200 g, desescamadas y limpias

1 cucharadita colmada de cilantro molido

aceite de oliva

2 ramitas de romero fresco

2 dientes de ajo

Para servir

2 cucharadas colmadas de yogur natural desnatado

2 cucharaditas colmadas de rábano picante rallado en conserva

un par de ramas de albahaca fresca

PONTE A COCINAR

Pon a cocer una taza de quinoa con 2 tazas de agua hirviendo en la cazuela mediana, con un pellizco de sal y el medio limón; tapa y remueve de vez en cuando • Pon las caballas sobre un papel parafinado y hazles unos cortes en ambos lados, cada 2 cm, hasta llegar a la espina • Frótalas con sal, pimienta y el cilantro molido y fríelas en la sartén con una cucharada de aceite de oliva.

Corta los tomates como más te guste y disponlos sobre una tabla grande o una bandeja; luego corta la guindilla a rodajas finas y viértela por encima • Arranca las hojas de romero y disponlas por encima del pescado; machaca los dientes de ajo enteros e incorpóralos a la sartén • Da la vuelta al pescado cuando se dore (unos 4 o 5 minutos por lado).

Cuando la quinoa esté cocida (unos 10 minutos), escúrrela y, con unas pinzas, exprime el limón por encima; dispón la quinoa en el centro de los tomates • Aliña con el aceite de oliva restante y el vinagre balsámico, y añade un pellizco de sal y pimienta • Coloca el pescado frito encima • Mezcla el yogur con el rábano picante y añade unas cucharadas de esta salsa por encima del pescado • Decora con las hojas de albahaca y sirve.

PESCADO POCHADO
HUEVOS AL PLATO Y PAN AL TOMATE

4 RACIONES | 633 CALORÍAS

Huevos

Aceite a la trufa
4 huevos grandes
2 lonchas de jamón
2 cucharadas de crema de leche
10 g de parmesano

Pan de tomate

1 pan de semillas (400 g)
2 cucharadas de tomates secados
al sol en conserva
1 diente de ajo
2 cucharadas de vinagre balsámico
½ manojo de tomillo fresco

Verduras

4 cebolletas
aceite de oliva
1 manojo de espárragos (300 g)
1 cucharadita de salsa de menta
1 cucharadita colmada de harina
300 ml de leche semidesnatada
250 g de guisantes finos
congelados
200 g de espinacas baby

Pescado

400 g de filetes de pescado blanco
ahumado, sin escamas ni espinas
1 limón

Ingredientes preparados • Agua hirviendo • Horno a 200°/posición 6 • Robot de cocina (con la hoja de batir) • Cazuela grande, a fuego vivo • Cazuela mediana, a fuego medio

PONTE A COCINAR

Engrasa un recipiente de horno de 16 cm con una cucharadita de aceite a la trufa, casca los huevos e incorpóralos • Corta las lonchas de jamón por la mitad y cubre con ellas las yemas de huevo; luego vierte la crema de leche • Por último ralla el parmesano por encima, y mete el recipiente en el horno hasta que los huevos queden cocidos a tu gusto.

Haz unos cortes profundos y perpendiculares en el pan • Añade en el vaso del robot los tomates secados al sol, con una cucharadita de su aceite, el diente de ajo pelado y el vinagre balsámico y bátelo todo hasta obtener una pasta • Recoge la pasta con las ramitas de tomillo y úsalas a modo de pincel para ir rellenando los cortes del pan con la pasta de tomate; mete el pan en el horno.

Limpia y corta las cebolletas a rodajas y saltéalas en la cazuela grande con una cucharada de aceite de oliva • Recorta los extremos de los espárragos e incorpóralos, con la salsa de menta, la harina, la leche, los guisantes, las espinacas y un pellizco de sal y pimienta; tapa la cazuela y deja que se sofría todo • Corrige de sal y pimienta al final • Pon a pochar el pescado en la cazuela mediana, cubierto con agua hirviendo (unos 6 minutos) • Cuando todo esté listo, desmenuza el pescado sobre las verduras y sírvelo acompañado de unas cuñas de limón, los huevos al plato y al pan crujiente al tomate.

SALMÓN AHUMADO
ENSALADA DE PATATAS Y ESPÁRRAGOS

4 RACIONES | 452 CALORÍAS

Ingredientes preparados ● Agua hirviendo ● Horno a 160°/posición 3 ● Cazuela pequeña con tapa, a fuego vivo ● Plancha, a fuego vivo

Ensalada de patatas baby y espárragos

500 g de patatas nuevas pequeñas
4 lonchas de panceta ahumada
1 cucharadita de mostaza inglesa
1 cucharadita colmada de mostaza integral
4 cucharadas de yogur natural desnatado
½ puñado de eneldo fresco
vinagre de vino blanco
1 achicoria (radicchio)

Pan

½ pan de molde pequeño con semillas
mantequilla sin sal

Salmón

240 g de salmón ahumado de calidad
1 manojo de espárragos (300 g)
1 cestita de berros o brotes de guisante
1 limón

PONTE A COCINAR

Corta las patatas más grandes en dos y luego añádelas todas en la cazuela pequeña, con un pellizco de sal; cúbrelas con agua hirviendo y ponlas a cocer con la tapa puesta ● Mete el pan en el horno ● Fríe la panceta en la plancha, dale la vuelta cuando esté dorada y pásala a una tabla ● Presenta el salmón sobre una bonita bandeja con elegantes pliegues, de modo que cubra de punta a punta.

Coloca cuatro espárragos en la tabla y, cogiéndolos por el extremo duro, córtalos en finas cintas con el pelador (descarta el extremo leñoso); luego echa las cintas sobre el salmón ahumado, así como los berros o brotes de guisante ● Corta el extremo del resto de espárragos y añádelos a la cazuela con las patatas; vuelve a taparla.

Pon la mostaza, el yogur, el eneldo picado y un chorro de vinagre en un cuenco poco profundo y sazona al gusto ● Cuela las patatas y los espárragos y échalos en el cuenco; después corta la achicoria a rodajas finas e incorpórala por encima, y por último la panceta crujiente ● Sirve acompañado de pan, un poco de mantequilla y unas cuñas de limón.

GUISO DE PESCADO RELÁMPAGO
SALSA AL AZAFRÁN Y PAN DE AJO

4 RACIONES | 516 CALORÍAS

Ingredientes preparados • Agua hirviendo • Horno a 220°/posición 7 • Robot de cocina (con la hoja de batir) • Cazuela grande con tapa, a fuego medio

Pan de ajo

1 chapata

3-4 dientes de ajo

unas ramitas de tomillo fresco

1 cucharada de aceite de oliva extra
  virgen

Guiso de pescado

1 bulbo de hinojo

4 filetes de anchoa

4 cebolletas

½ o 1 guindilla roja fresca

aceite de oliva

2 dientes de ajo

125 ml de vino blanco

700 g de tomate natural triturado

1 manojo pequeño de albahaca
  fresca

400 g de cortes de pescado,
  desescamados y sin espinas
  (rape, salmonete, pez de San
  Pedro, lubina o merlán)

400 g de mejillones y almejas,
  limpios y sin barbas

4 gambas grandes

Salsa

1 diente de ajo

1 pellizco de azafrán

3 cucharadas de yogur desnatado

½ limón

PONTE A COCINAR

Haz unos cortes perpendiculares y profundos a la chapata • Machaca el ajo sin pelar con un picador de ajos y espárcelo sobre el pan, añade las ramitas de tomillo y un pellizco de sal y pimienta y luego rocíalo con el aceite de oliva extra virgen • Frótalo con los dedos para que penetre en los cortes del pan, y luego mételo en el horno hasta que se dore.

Corta el hinojo por la mitad (reserva las hojas que pueda tener) y pásalo por el robot de cocina con las anchoas, las cebolletas limpias y la guindilla, hasta que quede bien picado • Vierte el resultado en la cazuela con 2 cucharadas de aceite de oliva y aviva el fuego; sofríe removiendo periódicamente • Machaca el ajo sin pelar con un picador de ajos, añádelo y echa también el vino; deja que se evapore el alcohol • Añade el tomate triturado y media jarra de agua hirviendo (350 ml), incorpora la mayoría de las hojas de albahaca y sazona con sal y pimienta.

Corta el pescado de modo que obtengas cuatro pedazos similares de cada tipo, y añade todo el pescado y el marisco a la cazuela (elimina cualquier mejillón o almeja que no se cierre al darle un golpecito), tapa y deja que cueza • Pela el ajo y machácalo en el mortero con un pellizco de sal y el azafrán, incorpora el yogur y un chorrito de zumo de limón • Cuando los mejillones y las almejas se hayan abierto (elimina los que no lo hayan hecho), el pescado ya debería estar cocido (unos 4 minutos) • Sazona al gusto y decora con las hojas de albahaca restantes y las del hinojo, la salsa de azafrán y el pan de ajo.

ATÚN ASIÁTICO A LA PLANCHA
ARROZ DE COCO Y VERDURAS DE ETIQUETA

4 RACIONES | 648 CALORÍAS

Ingredientes preparados • Agua hirviendo • Cazuela pequeña con tapa, a fuego medio • Sartén grande, a fuego medio • Robot de cocina (con accesorio para cortar lonchas finas)

Arroz

1 lata de leche de coco de 400 ml

1 lata de leche de coco (300 g) de arroz basmati

1 lima

Atún

1 filete de atún de 450 g

2 bolsitas de té verde

1 cucharada de semillas de sésamo

aceite de oliva

1 paquete de 105 g de jengibre en conserva

2 cebolletas

1 guindilla roja fresca

1 pomelo rosa

salsa de soja baja en sal

½ manojo de cilantro fresco

Verduras

2 pak choi

1 gran manojo de espárragos (300 g)

200 g de broccolini (brécol de tallos tiernos)

2 cucharaditas de aceite de sésamo, y un poco más para servir

3 dientes de ajo

1 cucharada de salsa teriyaki

PONTE A COCINAR

Echa la leche de coco, una medida de arroz (usando la lata como medida) y otra de agua hirviendo (usa un trapo para no quemarte) en la cazuela • Sazona con sal y pimienta, remueve bien, tapa y deja cocer unos 10 minutos, removiendo de vez en cuando; luego apaga el fuego • Corta el atún a lo largo y vacía el contenido de las bolsitas de té en una tabla con las semillas de sésamo y un pellizco de sal y pimienta • Extiende el atún por encima y presiona para que absorba los sabores, y luego ponlo a freír en la sartén con una cucharada de aceite de oliva • Fríelo unos 40 segundos por cada lado; luego pásalo a un plato, pero no retires la sartén del fuego.

Corta las pak choi por la mitad y luego córtalas en rodajas finas con el robot, al igual que los espárragos y los broccolini • Vierte el aceite de sésamo en la sartén y sube el fuego • Pon a freír el ajo machacado entero, y luego las verduras cortadas en láminas • Saltéalas, removiendo, unos 2 minutos, y luego sazona al gusto con la salsa teriyaki y apártalas del fuego.

Echa el jengibre en conserva con su jugo en una bonita bandeja para servir • Corta en láminas la cebolleta limpia y la guindilla y viértelas por encima • Exprime el pomelo, echa el jugo por encima y sazona al gusto • Corta el atún en lonchas de 1 cm y colócalas sobre este aliño, rocíalo con un poco de salsa de soja y decora con las hojas de cilantro y unas gotas de aceite de sésamo • Sírvelo acompañado del arroz, las verduras y unas cuñas de lima.

TAGINE DE PESCADO BLANCO

ENSALADA DE ZANAHORIA, CILANTRO Y CLEMENTINAS

Ingredientes preparados • Agua hirviendo • Bandeja de horno alta, a fuego medio • Sartén pequeña, a fuego suave • Robot de cocina (rallador)

Cuscús

½ limón
½ manojo de menta fresca
1 taza (300 g) de cuscús

Tagine

aceite de oliva
2 dientes de ajo
1 puñado de aceitunas variadas
   (con hueso)
2 cucharaditas de harissa
2 filetes de anchoa
700 g de tomate natural triturado
1 limón pequeño en conserva
1 buen pellizco de azafrán
4 filetes de platija, sin piel ni espinas

Ensalada

2 cucharadas de semillas de
   sésamo
3 zanahorias medianas
3 clementinas
1 cucharada de aceite de oliva extra
   virgen
½ limón
½ manojo de cilantro fresco

Para servir

1 cucharada de harissa
4 cucharadas de yogur natural
   desnatado

PONTE A COCINAR

Pon medio limón, los tallos de la menta (reserva las hojas) y un pellizco de sal en una ensaladera bonita con una taza de cuscús y 2 tazas de agua hirviendo y cúbrelo • Echa 2 cucharadas de aceite de oliva en una bandeja de horno y añade el ajo previamente machacado con piel en el picador de ajos • Añade las aceitunas, la harissa, las anchoas y el tomate triturado y el limón en conserva troceado.

Pon el azafrán en remojo con un chorro de agua hirviendo • Sazona cada filete de pescado con sal y pimienta, enróllalo y ponlo en la salsa, y luego echa el azafrán por encima • Arruga y humedece una hoja de papel parafinado, extiéndela sobre el pescado y pon la bandeja al fuego, para que el pescado se cueza (unos 8 minutos) • Prueba la salsa y corrige de sal • Tuesta las semillas de sésamo en la sartén hasta que estén doradas y retíralas.

Ralla las zanahorias limpias en el robot y preséntalas en un montoncito en una bandeja • Pela las clementinas, córtalas en rodajas y disponlas por encima; luego rompe las hojas de menta y espárcelas por encima, con el aceite de oliva extra virgen y el jugo de limón • Esparce también por encima las semillas de sésamo tostadas, sazona con sal y pimienta y mézclalo todo bien • En un cuenco pequeño, mezcla el yogur y la harissa sin remover demasiado • Airea el cuscús y sírvelo con el tagine de pescado y la ensalada de zanahoria, decorándolo todo con hojas de cilantro.

CALAMAR «AFORTUNADO» CON GAMBAS
SOPA DE FIDEOS Y VERDURAS CON ESPECIAS

4 RACIONES | 446 CALORÍAS

Sopa

2 cubitos de caldo de pollo
¼ de coliflor
1 pimiento rojo
200 g de tirabeques
1 pak choi
4 nidos de pasta al huevo
2 limas

Pasta

1 trozo de jengibre de unos 4 cm
2 dientes de ajo
2 ramitas de limoncillo
6 hojas de lima kaffir
1 guindilla roja fresca
1 manojo de cilantro fresco
1 cucharada de miel ligera
1 cucharada de salsa de pescado
1 cucharada de salsa de soja baja
    en sal, y más para servir
1 cucharada de aceite de sésamo

Calamar «afortunado»

200 g de calamares, sin tripas y
    limpios
200 g de gambas tigre crudas
    y peladas
140 g de setas variadas
1 cucharada de miel ligera

Ingredientes preparados • Agua hirviendo • Cazuela mediana con tapa, a fuego vivo • Robot de cocina (con la hoja de batir y accesorio para cortar lonchas finas) • Plancha grande, a fuego alto

PONTE A COCINAR

Echa 1,5 litros de agua hirviendo en la cazuela y ponla a cocer con los cubitos de caldo desmenuzados • Pela el jengibre, el ajo y arranca las hojas exteriores del limoncillo, trocéalo todo y métalo en el vaso del robot • Añade las hojas de lima, la guindilla, los tallos del cilantro, la miel, la salsa de pescado y la de soja y el aceite de sésamo, y bátelo todo bien.

Echa 1 cucharada colmada de esa pasta en un cuenco, y añade el resto del caldo caliente • Abre los calamares a lo largo con un cuchillo de mesa, marca el interior con unos cortes perpendiculares con una separación intermedia de 0,5 cm y échalos en el cuenco con las patas de calamar, las gambas y las setas; remuévelo todo bien y resérvalo • Pon el accesorio para cortar lonchas gruesas en el robot y lamina la coliflor, el pimiento sin semillas, los tirabeques y la pak choi.

Echa los fideos y las verduras laminadas en el caldo, tapa la cazuela y ponla a hervir 2 minutos más, pero no te pases • Pon el calamar y las setas en la parrilla ardiendo, añade las gambas por encima y fríelo todo hasta que quede dorado por ambos lados; luego vierte la miel por encima • Sazona el caldo al gusto con salsa de soja y zumo de lima, y luego incorpora las hojas de cilantro • Corta los calamares en rodajas y sírvelos.

ENSALADA DE KOH SAMUI
TOFU A LA GUINDILLA Y FIDEOS TAILANDESES

4 RACIONES | 680 CALORÍAS

Ingredientes preparados • Agua hirviendo • Sartén mediana, a fuego suave • Robot de cocina (con hoja de batir y accesorio para cortar a lonchas finas)

Ensalada

300 g de fideos de arroz medianos
1 diente de ajo
1 trozo de jengibre de unos 4 cm
6 tomates cherry maduros
1 guindilla roja fresca
½ manojo de albahaca fresca
1 cucharadita colmada de azúcar
   moreno
3 cucharadas de salsa de pescado
2 cucharadas de aceite de sésamo
3 limas
1 manojo de rábanos
2 zanahorias
½ pepino
1 bulbo de hinojo
½ col blanca
100 g de gambas peladas cocidas

Aderezos

100 g de cacahuetes pelados
2 cucharadas de semillas de
   sésamo
1 cucharadita de aceite de sésamo
3 hojas de lima kaffir secas
1 manojo de menta fresca
350 g de tofu crudo
1 cucharada de salsa de guindilla
   dulce
1 lima

PONTE A COCINAR

Pon los fideos en un cuenco y cúbrelos con agua hirviendo, removiéndolos para que se vayan separando • En la sartén, tuesta los cacahuetes y las semillas de sésamo con el aceite de sésamo y las hojas de lima rotas hasta que se doren, removiendo con frecuencia • Echa el ajo y el jengibre pelados, el tomate, la guindilla y las hojas de la albahaca en el vaso del robot y bátelo todo con el azúcar, la salsa de pescado, el aceite de sésamo y el zumo de 3 limas hasta obtener una mezcla homogénea.

Con el aliño aún en el robot, coloca el accesorio cortador y lamina los rábanos, las zanahorias limpias, el pepino, el hinojo cortado en cuartos y la col cortada en cuñas • Échalo todo en un cuenco grande, remueve y aliña la ensalada con las manos limpias, pruébala y añade más de algún ingrediente si lo consideras necesario.

Cuela los fideos, incorpóralos al cuenco de la ensalada con las gambas y remuévelo todo • Arranca la parte de las hojas de la menta, trocéalas y échalas por encima • Corta el tofu en dados de 2 cm y haz un montoncito en el centro de la ensalada; echa un chorrito de salsa de guindilla por encima • Esparce los cacahuetes tostados por encima y sirve acompañado de unas cuñas de lima.

SARDINAS ABIERTAS
ENSALADA TOSCANA CON PAN

4 RACIONES | 399 CALORÍAS

Ingredientes preparados • Horno con el gratinador a máxima potencia • Robot de cocina (con hoja de batir) • Plancha, a fuego vivo

Sardinas

1 pellizco de azafrán

4 cebolletas

½ guindilla roja fresca

½ manojo de perejil de hoja lisa

½ cucharadita de semillas de hinojo

2 limones

aceite de oliva

8 sardinas frescas, desescamadas
   y abiertas

4 lonchas de panceta ahumada

Ensalada

½ chapata

1 diente de ajo

4 filetes de anchoa

aceite de oliva extra virgen

3 cucharadas de vinagre balsámico

800 g de tomates maduros de
   tonos diversos

½ manojo de cebolletas

½ manojo de albahaca fresca

1 cucharada de alcaparras

200 g de pimientos rojos asados en
   conserva

30 g de queso feta

PONTE A COCINAR

Incorpora el azafrán, las cebolletas limpias, la guindilla, el perejil, las semillas de hinojo, el zumo de un limón, una cucharada de aceite de oliva y un pellizco de sal y pimienta en el vaso del robot y bátelo todo hasta obtener una pasta • Espárcela por el fondo de una bandeja de horno para que cubra apenas y dispón las sardinas abiertas encima, con la piel hacia arriba • Coloca la panceta por en medio, pon la bandeja en el horno y gratina hasta que las sardinas queden doradas (unos 8 minutos).

Corta cuatro rebanadas de chapata de 2 cm de grosor y tuéstalas sobre la plancha • Pela el ajo y bátelo en el robot con las anchoas, una cucharada de aceite de oliva extra virgen, el vinagre balsámico y la mitad de los tomates, las cebolletas limpias y la albahaca hasta obtener un aliño homogéneo • Sazona al gusto y viértelo en una ensaladera.

Añade las alcaparras a la ensaladera y también el pimiento cortado irregularmente • Rompe el pan en trozos, incorpóralos y remueve bien • Corta los tomates restantes por la mitad o en cuartos, limpia y corta en rodajas finas las cebolletas restantes e incorpóralos también; echa el resto de hojas de albahaca por encima • Esparce el queso feta a trozos y rocía el conjunto con una cucharada de aceite de oliva extra virgen • Sirve la ensalada con las sardinas y unas cuñas de limón.

CALAMARES CON CHORIZO
ENSALADA GRIEGA DE CUSCÚS

4 RACIONES | 634 CALORÍAS

Ingredientes preparados • Agua hirviendo • Robot de cocina (con hoja batidora) • Sartén grande, a fuego vivo

Cuscús

4 cebolletas
100 g de espinacas baby
1 manojo de menta fresca
1 taza (300 g) de cuscús
1 limón

Calamares con chorizo

400 g de calamares pequeños,
   limpios
80 g de chorizo curado
aceite de oliva
2 pimientos de colores diferentes
1 cucharada de miel ligera
vinagre de jerez
2 dientes de ajo
8-10 aceitunas negras (con hueso)

Aderezos

50 g de queso feta
1 cucharadita colmada de harissa
4 cucharadas de yogur natural
   desnatado

PONTE A COCINAR

En el robot, bate las cebolletas limpias con las espinacas, la mayor parte de las hojas de la menta y un pellizco de sal y pimienta hasta obtener una mezcla homogénea • Quita la hoja batidora, añade una taza de cuscús y 2 tazas de agua hirviendo, tapa y deja reposar • Abre los calamares longitudinalmente y, con un cuchillo de mesa, márcalos por dentro con cortes perpendiculares separados unos 0,5 cm entre sí; luego córtalos en rodajas de 1 cm de grosor con un cuchillo afilado, y corta las patas a trozos.

Corta el chorizo a rodajas y échalo en la sartén con 2 cucharadas de aceite • Quita las semillas a los pimientos, córtalos en rodajas y añádelos a la sartén; unos 4 minutos más tarde incorpora el calamar, la miel y un chorro de vinagre • Añade el ajo machacado con piel y todo, quita el hueso a las aceitunas, incorpóralas también y saltéalo todo unos minutos más.

Airea el cuscús y mézclalo con el zumo de ½ limón; luego sírvelo en una bandeja grande • Pon el calamar con pimientos y chorizo por encima a cucharadas • Echa el queso feta desmenuzado por encima y también las hojas de menta restantes • En un cuenco pequeño, mezcla la harissa con el yogur y sírvelo todo junto, con unas cuñas de limón al lado.

TRUCHA ENTERA AL HORNO
PATATAS NUEVAS, GUISANTES Y SALSA DE MOSTAZA

4 RACIONES | 504 CALORÍAS

Ingredientes preparados • *Agua hirviendo* • *Horno a la potencia máxima (240°/ posición 9)* • *Robot de cocina (con accesorio para cortar lonchas gruesas)* • *Cazuela grande con tapa, a fuego vivo*

Truchas

4 truchas de 250 g, desescamadas
  y limpias
aceite de oliva
1 limón
1 puñado de tomillo fresco
40 g de almendras en láminas
4 lonchas de panceta ahumada

Verduras

600 g de patatas nuevas
2 cubitos de caldo de pollo
2 cogollos de lechuga
1 manojo de menta fresca
300 g de guisantes congelados
200 g de habas

Salsa

2 cucharaditas de rábano picante
  rallado en conserva
1 cucharadita de mostaza inglesa
½ limón
4 cucharadas de yogur natural
  desnatado

PONTE A COCINAR

Pon las truchas en una bandeja de horno y sazónalas con sal, pimienta y una cucharada de aceite • Corta el limón en cuartos, añádelo a la bandeja y métela en la posición superior del horno • Corta las patatas nuevas en el robot de cocina y ponlas en la cazuela con un litro de agua hirviendo • Añade los cubitos de caldo, tapa y deja que cuezan.

En un cuenco, mezcla el rábano rallado, la mostaza, el zumo de medio limón y un pellizco de sal, y luego amalgámalo todo con el yogur • Corta los cogollos en rodajas y trocea las hojas de menta.

Moja las ramitas de tomillo en una cucharada de aceite y échalas sobre las truchas, al igual que las almendras en láminas • Coloca una loncha de panceta sobre cada pescado y vuelve a meter la bandeja en el horno unos minutos, hasta que las truchas estén doradas • Echa los cogollos, las hojas de menta, los guisantes y las habas en la cazuela de la patata • Sazona al gusto, deja cocer un par de minutos más y sirve las verduras junto a la trucha y la salsa de mostaza.

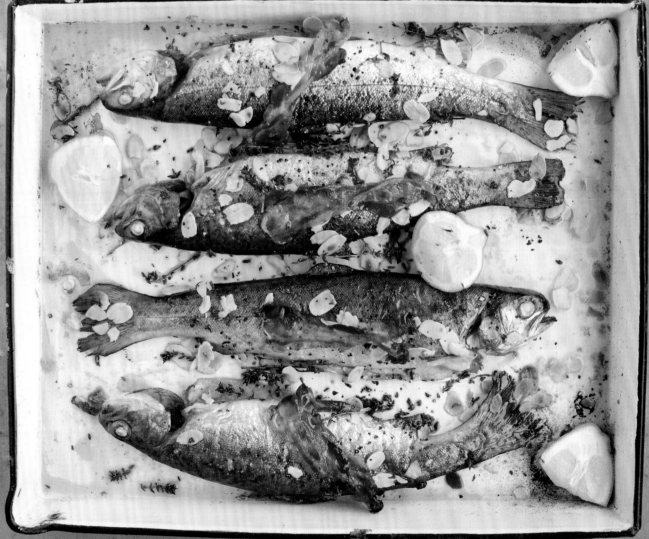

PASTA

PASTA AL PESTO
POLLO CON AJO Y ROMERO

4 RACIONES | 581 CALORÍAS

*Ingredientes preparados • Agua hirviendo • Sartén grande, a fuego vivo •
Cazuela grande con tapa, a fuego vivo • Robot de cocina (con la hoja de batir)*

Pollo

2 pechugas de pollo de 200 g sin
    piel
1 cucharadita de semillas de hinojo
2 ramitas de romero fresco
2 cucharadas de aceite vegetal
4-5 dientes de ajo
1-2 guindillas rojas frescas
8 tomates cherry maduros

Pasta al pesto

250 g de judías verdes
1 gran manojo de albahaca fresca
50 g de almendras blanqueadas
50 g de parmesano, y un poco más
    para servir
2 cucharadas de aceite de oliva
    extra virgen
1 limón
1 diente de ajo
300 g de hojas de lasaña frescas
200 g de espinacas baby

PONTE A COCINAR

Pon el pollo sobre una hoja grande de papel de horno, y aderézalo con la sal, la pimienta, las semillas de hinojo y las hojas de romero • Pliega el papel y pasa un rodillo de cocina por encima para aplanar el pollo hasta obtener un grosor de 1,5 cm • Ponlo a freír en la sartén con el aceite vegetal, los dientes de ajo machacados sin pelar y las guindillas cortadas por la mitad; dale la vuelta a los 3 o 4 minutos, hasta que esté dorado y bien hecho • Alinea las judías sobre una tabla y corta los extremos; ponlas a cocer en la cazuela tapada unos 6 minutos con agua hirviendo y sal.

Separa unas cuantas hojas de albahaca para decorar, arranca el resto y ponlas en el vaso del robot de cocina con las almendras, el parmesano, el aceite de oliva extra virgen y el zumo de limón • Añade el ajo machacado sin pelar • Bate hasta obtener una mezcla homogénea, añadiendo un cucharón o dos del agua de cocción de las judías para aligerarla, y sazona al gusto • Corta las hojas de lasaña en trozos irregulares y échalas en la cazuela de las judías para que se cuezan un par de minutos • Corta los tomates por la mitad o en cuartos, incorpóralos a la sartén del pollo y muévelos.

Incorpora las espinacas a la cazuela de la pasta y luego escúrrelo todo, reservando una taza del agua de cocción • Vuelve a poner la pasta, las judías y las espinacas en la cazuela, echa el pesto del robot y remuévelo todo, aligerando la mezcla con un poco de agua de la cocción hasta que la pasta te quede sedosa • Corta las pechugas de pollo por la mitad y sírvelas con los tomates y la guindilla por encima • Por último ralla un poco más de parmesano y échalo por encima de la pasta, y decóralo todo con las hojas de albahaca reservadas.

BOLOÑESA DE CANGREJO
ENSALADA CRUJIENTE DE HINOJO

4 RACIONES | 673 CALORÍAS

Pasta y salsa

½ o 1 guindilla roja fresca
1 zanahoria
2 cebolletas
2 dientes de ajo
1 cucharadita colmada de semillas
   de hinojo
2 filetes de anchoa
½ manojo de albahaca fresca
2 bulbos de hinojo
aceite de oliva
320 g de espaguetis secos
1 limón
300 g de carne de cangrejo (marrón
   y blanca)
vino blanco
700 g de tomate natural triturado

Ensalada

2 cogollos de lechuga pequeños
½ manojo de menta fresca
1 limón
parmesano
1 cucharada de aceite de oliva extra
   virgen

Ingredientes preparados • Agua hirviendo • Robot de cocina (con la hoja de batir y accesorio para cortar lonchas finas) • Cazuela con tapa, a fuego medio • Cazuela grande con tapa, a fuego vivo

PONTE A COCINAR

Corta la guindilla, la zanahoria y las cebolletas, ya limpias, por la mitad, y échalo todo en el vaso del robot junto al ajo pelado, las semillas de hinojo, las anchoas y los tallos de la albahaca • Separa los tallos del hinojo e incorpóralos al vaso del robot, reservando los bulbos (y las hojas, si las hubiera) • Bate hasta que todo quede bien picado, y echa la mezcla en una cazuela con una cucharada de aceite de oliva, removiendo a menudo • Echa los espaguetis en una cazuela grande, cúbrelos con agua hirviendo con un poco de sal y cuécelos siguiendo las instrucciones del paquete.

Ralla la piel del limón y echa la ralladura sobre las verduras • Añade la carne marrón del cangrejo, un chorro de vino blanco y el tomate triturado, remueve, tapa y deja cocer • Coloca el accesorio para cortar lonchas finas en el robot • Corta los bulbos de hinojo por la mitad y quita el extremo del tallo a las lechugas, y lamina ambas verduras en el robot; échalas en una ensaladera • Arranca las hojas de la menta y córtalas a tiras finas; añádelas a la ensaladera, con un pellizco de sal y pimienta, el zumo de un limón y unas escamas de parmesano.

Trocea las hojas de la albahaca y echa la mayor parte en la salsa con la carne blanca del cangrejo; luego añade el zumo del limón que has rallado antes • Aligera la salsa con un poco del agua de cocción de la pasta; cuela los espaguetis y sírvelos en un cuenco grande • Echa la salsa por encima y sírvelos enseguida, junto con las hojas de albahaca que has reservado • Mezcla la pasta una vez en la mesa, y acompáñala con la ensalada crujiente de hinojo • En el último momento añade un chorro de aceite de oliva extra virgen por encima de ambas.

FUSILLI CON SALCHICHA
ENSALADA VERDE CREMOSA

4 RACIONES | 622 CALORÍAS

Pasta

4 salchichas (mínimo 80% carne)
aceite de oliva
1 cebolla roja grande
1 cucharadita colmada de semillas
   de hinojo
4 pimientos rojos en conserva
4 ramitas de romero fresco
4 dientes de ajo
320 g de fusilli secos
3 cucharadas de crema de vinagre
   balsámico, y algo más para servir
350 g de tomate natural triturado

Ensalada

1 lechuga redonda tierna
100 g de espinacas baby o rúcula
1 cestita de berros
2 cucharaditas de mostaza inglesa
3 cucharadas de yogur natural
   desnatado
1 limón
1 manojo de cebollinos frescos

Ingredientes preparados • Agua hirviendo • Plancha, a fuego vivo • Robot de cocina (con la hoja de batir) • Sartén grande, a fuego vivo • Cazuela grande con tapa, a fuego vivo

PONTE A COCINAR

Abre las salchichas con un corte a lo largo de ¾ de su longitud, ábrelas como un libro, frótalas con 1 cucharadita de aceite y ponlas a freír en la plancha, con la abertura hacia abajo, dándoles la vuelta periódicamente hasta que queden crujientes por fuera y bien cocidas • Pela la cebolla roja y córtala por la mitad, bátela en el robot con las semillas de hinojo, los pimientos, la mitad de las hojas de romero, un pellizco de sal y pimienta • Vierte la mezcla en la sartén con una cucharada de aceite de oliva y sofríe; añade el ajo machacado con piel y remueve con frecuencia.

Pon la pasta en la cazuela, cúbrela con agua salada, tapa la cazuela y cuece siguiendo las instrucciones del paquete • Añade la crema de vinagre balsámico y el tomate triturado a la sartén de las verduras • Limpia la lechuga y córtala en cuñas; disponlas sobre una bonita tabla o una bandeja con las espinacas o la rúcula, y echa los berros por encima • Añade las hojas de romero restantes a la plancha y retira las salchichas cuando estén al punto.

Haz un aliño mezclando la mostaza, el yogur y el zumo de limón con un pellizco de sal y pimienta • Pica bien los cebollinos, añade la mitad al aliño y luego échalo por encima de la ensalada • Cuela la pasta (reservando una taza del agua de la cocción) y mézclala con la salsa, aligerándola con un chorrito del agua en caso necesario • Sazona al gusto y sírvela en una bandeja, con los cebollinos restantes, las salchichas troceadas y un chorrito de crema de vinagre balsámico vertida desde cierta altura.

CARBONARA DE CHORIZO
ENSALADA CATALANA DE MERCADO

4 RACIONES | 603 CALORÍAS

Ingredientes preparados • Agua hirviendo • Sartén grande, a fuego medio •
Cazuela grande con tapa, a fuego vivo

Ensalada

25 g de piñones
1 achicoria (radicchio)
1 endivia
2 clementinas
100 g de espinacas baby
4 ramitas de menta fresca
45 g de queso manchego
2 cucharadas de vinagre de jerez
2 cucharadas de aceite de oliva
   extra virgen
1 cucharadita de miel ligera

Pasta

320 g de penne secas
70 g de chorizo
½ o 1 guindilla roja fresca
2 ramitas de romero fresco
aceite de oliva
4 dientes de ajo
1 huevo grande
½ limón
2 cucharadas colmadas de yogur
   natural desnatado

PONTE A COCINAR

Tuesta los piñones unos minutos en la sartén, removiéndolos a menudo •
Pon la pasta en la cazuela, cúbrela con agua salada hirviendo, tápala y cuécela siguiendo las instrucciones del paquete • Corta a rodajas finas la parte
del tallo de la achicoria y la endivia y dispón las hojas en una ensaladera •
Pela y corta las clementinas a rodajas finas, incorpóralas a la ensaladera con
las espinacas baby y luego echa las hojas de menta por encima • Corta
unas escamas de manchego y espárcelas por encima con los piñones ca-
lientes • Vuelve a dejar la sartén en el fogón, a fuego medio.

En una taza, haz tu aliño con el vinagre, el aceite de oliva extra virgen y la
miel, sazona al gusto y reserva • Corta el chorizo y la guindilla a lonchas finas, arranca las hojas de romero y échalo todo en la sartén con una cucharadita de aceite de oliva y un pellizco de pimienta; añade el ajo machacado
con piel y saltéalo todo hasta que se dore ligeramente.

Bate el huevo, el zumo de limón, el yogur y el resto del manchego rallado
en un cuenco • Escurre la pasta, reservando una taza del agua de cocción •
Echa la pasta en la sartén del chorizo, apártala del fuego y mézclala bien con
la salsa cremosa, aligerándola con un chorro de agua de la cocción en caso
necesario; sazona al gusto • Aliña y remueve la ensalada y sírvela como
acompañamiento de la pasta.

PENNE DE INVIERNO CON CALABAZA
ENSALADA DE AGUACATE Y MENTA

4 RACIONES | 635 CALORÍAS

Ingredientes preparados • Agua hirviendo • Robot de cocina (con hoja de batir) • Cazuela mediana con tapa, a fuego medio • Cazuela grande con tapa, a fuego vivo • Batidora de mano

Pasta

1 cubito de caldo vegetal

1 calabaza alargada (solo la parte cilíndrica)

1 cebolla

1 cucharadita de semillas de hinojo

1 guindilla roja pequeña seca

½ manojo de salvia fresca

1 lata de garbanzos de 400 g

320 g de penne secas

20 g de parmesano, y un poco más para servir

½ manojo de perejil de hoja lisa

Ensalada

3 tomates maduros

½ pepino

4 cebolletas

2 cogollos de lechuga pequeños

½ manojo de menta fresca

1 aguacate maduro

2 cucharadas de aceite de oliva extra virgen

2 cucharadas de vinagre balsámico

20 g de queso feta

PONTE A COCINAR

Prepara 500 ml de caldo con el cubito; luego rellena el agua de la *kettle* y ponla a hervir de nuevo • Quítale el tallo a la calabaza, corta la parte del cuello a trozos (no le quites la piel y guárdate la parte de las semillas para otro día) y pícala en el robot de cocina con la cebolla pelada, las semillas de hinojo, la guindilla seca y las hojas de salvia • Echa la mezcla en la cazuela mediana, añade el caldo, los garbanzos y su jugo; deja que cueza con la tapa puesta y remueve de vez en cuando.

Echa la pasta en una cazuela grande, cúbrela con agua hirviendo con un poco de sal y cuécela siguiendo las instrucciones del paquete • En una tabla grande, trocea y mezcla los tomates, el pepino, las cebolletas ya limpias, la lechuga y las hojas de la menta • Estruja el aguacate y echa la pulpa por encima, descartando la piel y el hueso • Aliña con el aceite de oliva extra virgen y el vinagre balsámico, remueve, sazona al gusto y añade el queso feta por encima.

Con una batidora de mano, bate la salsa hasta obtener la textura que más te guste, sazona al gusto y añádele parmesano rallado • Cuela la pasta, mézclala con la salsa y sazona al gusto • Sírvela decorada con hojas de perejil y un poco más de parmesano rallado.

ESPAGUETIS SENCILLOS
ENSALADA DE TOMATE, ALBAHACA Y QUESO BLANCO

Ingredientes preparados • Agua hirviendo • Cazuela grande con tapa, a fuego vivo • Bandeja de rustir grande, a fuego suave

Pasta

320 g de espaguetis secos

300 g de broccolini (brécol de tallos tiernos)

½ o 1 guindilla roja fresca

8 filetes de anchoa

4 dientes de ajo

2 ramitas de romero fresco

1 limón

opcional: parmesano

Ensalada

500 g de tomates maduros de tonos variados

unas ramitas de albahaca fresca

aceite de oliva extra virgen

1 cucharada de vinagre balsámico

1 limón

125 g de queso blanco bajo en grasa

PONTE A COCINAR

Echa la pasta en la cazuela grande, cúbrela con agua hirviendo con sal y cocínala siguiendo las instrucciones del paquete • Trocea los tomates y ponlos en una ensaladera • Añade la mayoría de las hojas de albahaca, una cucharada de aceite y el vinagre balsámico, remueve y sazona al gusto • Ralla un limón en un cuenco bonito para servir, exprímelo y añade la mitad del zumo a la ralladura • Incorpora el queso blanco y luego los tomates aliñados y unas hojas de albahaca pequeñas.

Recorta el extremo de los broccolini y corta los tallos longitudinalmente; luego corta la guindilla en rodajas finas • Pon la bandeja sobre un fogón a fuego medio-alto y añade 4 cucharadas soperas de aceite, la guindilla y las anchoas • Machaca el ajo con piel en un picador de ajos, incorpóralo, y también las hojas de romero y los broccolini, con un chorrito de agua de cocer la pasta • Usa unas pinzas para ir moviéndolo todo.

Cuela la pasta, y reserva una taza del agua de la cocción; luego combina la pasta con los broccolini, el zumo de un limón y el agua de cocción necesaria para que quede brillante • Sazona al gusto y sirve, si quieres, con parmesano rallado por encima y la ensalada de tomate, albahaca y queso fresco al lado.

GNOCCHI CON SALCHICHA
ENSALADA TIBIA DE COL RIZADA Y JUDÍAS

4 RACIONES | 526 CALORÍAS

*Ingredientes preparados • Agua hirviendo • 2 cazuelas grandes, a fuego vivo •
Sartén pequeña, a fuego vivo • Robot de cocina (con accesorio para cortar
lonchas gruesas)*

Gnocchi

4 salchichas picantes (mínimo 80%
   carne)
2 cucharaditas de semillas de hinojo
2 ramitas de romero fresco
125 ml de chianti
200 g de broccolini (brécol de tallos
   tiernos)
700 g de tomate natural triturado
400 g de gnocchi
2 cucharadas de yogur natural
   desnatado

Ensalada

2 lonchas de beicon ahumado
aceite de oliva
40 g de avellanas blanqueadas
1 cucharadita de jarabe de arce o
   de miel ligera
200 g de judías verdes finas
300 g de verduras variadas, como
   col rizada, acelgas, lombarda,
   repollo o coles de Bruselas
1½ cucharadas de aceite de oliva
   extra virgen
1½ cucharadas de vinagre de jerez

PONTE A COCINAR

Saca la carne de las salchichas y ponla a saltear en una de las cazuelas con las semillas de hinojo y las hojas de romero (elimina las pieles de las salchichas) • Remueve con frecuencia y ve separando la carne • Corta el beicon a tiras finas, échalas en la sartén con una cucharada de aceite de oliva y las avellanas y fríelo hasta que esté dorado; luego añade el jarabe de arce o la miel y apártalo del fuego.

Alinea las judías sobre una tabla y corta los tallos; luego échalas en la otra cazuela, cúbrelas con agua hirviendo con sal y déjalas cocer con la tapa puesta • A los 4 minutos, añade el resto de verduras, rompiendo las hojas más grandes • Vierte el vino en la cazuela de las salchichas y deja que se vaya consumiendo mientras controlas la cocción de las verduras • Cuando estén hechas, sácalas con una espumadera y ponlas a escurrir en un colador, dejando el agua de la cocción al fuego • Incorpora las puntas de los broccolini en la cazuela de la salchicha, corta el resto a rodajas y añádelos también, al igual que el tomate triturado.

Añade los gnocchi a la cazuela con el agua de cocción de las verduras y pon la tapa • Mezcla el aceite de oliva extra virgen, el vinagre y un pellizco de sal y pimienta en una ensaladera, echa las verduras escurridas y remueve para que se impregnen; luego esparce por encima las avellanas y el beicon • Cuando los gnocchi lleven un par de minutos flotando, cuélalos y mézclalos con la salsa • Sazona al gusto y sírvelos en la misma cazuela o en una bandeja bonita, con unas cucharadas de yogur.

POLLO CACCIATORE
ESPAGUETIS CON SALSA DE TOMATE AHUMADO

4 RACIONES | 613 CALORÍAS

Ingredientes preparados • *Agua hirviendo* • *Sartén grande, a fuego medio* • *Cazuela grande con tapa, a fuego medio*

Pollo y salsa

4 muslos de pollo deshuesados y
  sin piel
aceite de oliva
125 g de champiñones
125 g de setas
4 lonchas de panceta ahumada
2-3 ramitas de romero fresco
2 filetes de anchoa
2 pimientos rojos en conserva
1 puñadito de aceitunas negras
  (con hueso)
2 dientes de ajo
1 guindilla roja fresca
60 ml de chianti
700 g de tomate natural triturado
1 manojo de albahaca fresca

Pasta

320 g de espaguetis integrales
  secos
30 g de parmesano

PONTE A COCINAR

Corta el pollo en trozos de 1 cm y fríelos en la sartén con 2 cucharadas de aceite y un pellizco de sal y pimienta • Trocea las setas, corta la panceta a tiras finas y añade ambos a la sartén con las hojas de romero, las anchoas y los pimientos a trozos • Abre las aceitunas, elimina los huesos y añádelas, y sube el fuego a un nivel medio-alto, removiendo de vez en cuando hasta que se dore todo.

Pon la pasta en la cazuela grande, cúbrela con agua hirviendo con sal y cuécela siguiendo las instrucciones del paquete • Machaca el ajo con piel con un picador de ajos e incorpóralo a la sartén del pollo • Corta la guindilla a rodajas finas y añádela, así como el vino y el tomate triturado, y sazona al gusto • Arranca las hojas de la albahaca y echa la mayor parte en la sartén.

Ralla el parmesano • Cuela la pasta, reservando una taza del agua de cocción, y sírvela en una bandeja, con la salsa por encima • Añade el resto de hojas de albahaca y el parmesano rallado por encima • Remueve bien, aligerando la salsa con un chorrito de agua de la cocción en caso necesario.

FETTUCCINE

TRUCHA AHUMADA, ESPÁRRAGOS Y GUISANTES

4 RACIONES | 687 CALORÍAS

Ingredientes preparados • Agua hirviendo • Cazuela mediana, a fuego vivo • Cazuela grande con tapa, a fuego vivo • Batidora de mano

Pasta

1 manojo pequeño de cebolletas
1 manojo de espárragos (300 g)
aceite de oliva
300 g de guisantes congelados
1 manojo grande de menta fresca
1 cucharada de harina
500 ml de leche semidesnatada
320 g de fettuccine secas
250 g de trucha ahumada
parmesano para servir

Ensalada y aliño

1 achicoria
1 endivia
1 cogollo de lechuga pequeño
unas ramitas de estragón fresco
2 cucharaditas colmadas de
    mostaza de Dijon
1 cucharadita colmada de miel
    ligera
1 cucharada de aceite de oliva extra
    virgen
1 limón
1 cucharada colmada de yogur
    natural desnatado

PONTE A COCINAR

Limpia las cebolletas y quita el extremo leñoso a los espárragos, y corta ambos en rodajas, dejando las puntas de los espárragos enteras • Saltea ambos en la cazuela mediana con dos cucharadas de aceite de oliva y los guisantes • Trocea la mayoría de las hojas de la menta y ponlas también • Incorpora la harina y la leche y dale un hervor, luego deja que cueza a fuego más lento • Pon la pasta en la cazuela grande, cúbrela con agua con sal, y cuécela siguiendo las instrucciones del paquete.

Corta la achicoria, la endivia y la lechuga en cuñas finas y largas y échalas en una ensaladera • Echa por encima el estragón y las hojas de menta restantes • Pon la mostaza y la miel en un cuenco pequeño, añade el aceite de oliva extra virgen, el zumo de ½ limón y el yogur, mézclalo todo y sazona al gusto.

Con la batidora de mano, bate la salsa de espárragos hasta que quede bastante fina • Baja el fuego al mínimo, echa la trucha ahumada a trozos, las puntas de espárragos y deja cocer unos minutos más; luego añade el resto del zumo de limón y sazona al gusto • Cuela la pasta, reservando una taza del agua de la cocción, y luego mezcla la pasta con la salsa, aligerándola con un chorrito de agua de la cocción en caso necesario • Sirve enseguida, con un poco de parmesano rallado por encima y la ensalada de acompañamiento, lista para aliñar en la mesa.

PASTA CON POLLO
RAGÚ DE 6 VERDURAS Y HIERBAS

4 RACIONES | 620 CALORÍAS

Ragú

1 puerro grande
1 tallo de apio
1 zanahoria
1 calabacín
3 pimientos rojos en conserva
aceite de oliva
8 ramitas de tomillo fresco
700 g de tomate natural triturado

Pasta

320 g de fusilli integrales secos
2 pechugas de pollo de 150 g sin
  piel
3 lonchas de beicon ahumado
½ guindilla roja fresca
4 dientes de ajo
2 ramitas de romero fresco
2 hojas de laurel fresco
1 cucharada de piñones
vinagre balsámico
queso parmesano para servir

Ingredientes preparados • Agua hirviendo • Robot de cocina (con la hoja de batir) • Cazuela grande sin tapa, a fuego vivo • Cazuela grande con tapa, a fuego medio • Sartén mediana, a fuego vivo

PONTE A COCINAR

Corta el puerro a lo largo, lávalo bajo el grifo con agua fría y luego tritúralo bien en el robot, con el apio y la zanahoria ya limpios, el calabacín y los pimientos • Echa la mezcla en la cazuela sin tapa con una cucharada de aceite, las hojas de tomillo y un pellizco de sal y pimienta, y remueve de vez en cuando • Pon la pasta en una cazuela grande, cubriéndola con agua hirviendo con sal, y cuécela siguiendo las instrucciones del paquete.

Corta el pollo en dados de 2 cm de lado y fríelo en la sartén con una cucharada de aceite y un pellizco de sal y pimienta, removiendo de vez en cuando hasta que quede dorado y bien hecho • Añade el tomate a la cazuela de las verduras y deja que cueza • Por último corta el beicon y la guindilla en tiras finas y añádelos a la sartén del pollo, al igual que el ajo, después de machacarlo con piel en el picador de ajo • Incorpora las hojas de romero, las de laurel y los piñones, y fríelo todo un par de minutos más, hasta que el beicon esté dorado; luego echa un chorrito de vinagre balsámico por encima.

Sazona la salsa, cuela la pasta, reservando una taza de agua de la cocción, y mezcla la pasta con la salsa, aligerándola con un poco del agua de la cocción en caso necesario; sírvela en una bandeja • Esparce el pollo y el beicon por encima de la pasta y acompáñalo con un poco de parmesano rallado.

PASTA CON BRÉCOL
Y ENSALADA JARDINERA

Ingredientes preparados • *Agua hirviendo* • *Cazuela grande con tapa, a fuego vivo* • *Licuadora* • *Sartén pequeña, a fuego suave*

Pasta

320 g de orecchiette secas
1 manojo de albahaca fresca
1 lata de 50 g de filetes de anchoa
  en aceite
1 limón
2 dientes de ajo
1 guindilla roja seca
30 g de parmesano, y más para
  servir
1 brécol grande
50 g de piñones

Ensalada

2 zanahorias
1 aguacate maduro
3 tomates maduros de tonos
  variados
2 cucharadas de aceite de oliva
  extra virgen
2 cucharadas de vinagre balsámico
70 g de rúcula

PONTE A COCINAR

Pon la pasta en la cazuela, cúbrela con agua hirviendo con sal y cuécela siguiendo las instrucciones del paquete • Echa la albahaca, las anchoas y una cucharada de su aceite, la ralladura y el zumo de un limón y un chorro de agua hirviendo en la licuadora • Añade el ajo machacado con piel, la guindilla seca desmenuzada y el parmesano rallado y bátelo todo hasta obtener una salsa fina; viértela en un cuenco grande • Corta las cabezuelas del brécol, añádelas a la pasta y tapa la cazuela.

Con un rallador grueso, ralla el tallo del brécol y las zanahorias sobre una tabla • Chafa el aguacate y echa la pulpa por encima, descartando la piel y el hueso • Trocea los tomates • Sazona la ensalada con sal y pimienta, y aliñala con el aceite de oliva extra virgen y el vinagre balsámico • Añade la rúcula y mézclalo todo.

Tuesta los piñones en la sartén, subiendo el fuego y removiendo cuando estén dorados • Cuela la pasta y el brécol en un colador, reservando una taza de agua de la cocción, y luego echa la pasta en el cuenco de la salsa • Mézclalo todo, aligerando la salsa con un poco de agua de la cocción en caso necesario • Vierte la pasta en una bandeja, echa un poco de parmesano rallado por encima, esparce los piñones tostados y sírvela.

LINGUINE CON LANGOSTINOS
ENSALADA SICILIANA CON ESCAMAS DE HINOJO

4 RACIONES | 562 CALORÍAS

Pan desmenuzado
2 rebanadas de pan rústico (60 g)
2 dientes de ajo
aceite de oliva extra virgen

Pasta
320 g de linguine secas
1 guindilla roja fresca
4 filetes de anchoa
1 pellizco generoso de canela
    molida
1 pellizco de azafrán
360 g de langostinos tigre crudos
    pelados
2 dientes de ajo
500 g de tomate natural triturado
1 limón
30 g de parmesano
un par de ramitas de albahaca
    fresca

Ensalada
1 bulbo de hinojo
½ corazón de apio
1 manojo de menta fresca
1 limón

Ingredientes preparados • Agua hirviendo • Robot de cocina (con la hoja de batir y accesorio para cortar lonchas finas) • Cazuela grande, a fuego medio

PONTE A COCINAR

Introduce el pan y el ajo pelado en el vaso del robot de cocina con 1 cucharada de aceite y pícalo hasta que quede desmenuzado • Tuesta los trocitos en una sartén grande hasta que estén dorados, removiendo con frecuencia • Echa la pasta en la cazuela grande, cúbrela con agua hirviendo con sal y cuécela siguiendo las instrucciones del paquete • Ponle el accesorio de cortar lonchas finas al robot y lamina el hinojo cortado por la mitad, el apio ya limpio, las hojas de la menta y todo el limón • Échalo todo en una ensaladera y aliña con una cucharada de aceite de oliva y un pellizco de sal y pimienta.

Coloca el pan desmenuzado en un cuenco pequeño y vuelve a poner la sartén a fuego suave • Pica bien la guindilla y échala en la sartén, con las anchoas y un poco de su aceite, la canela, el azafrán y los langostinos, y sube el fuego • Añade el ajo machacado con piel y el tomate natural triturado y haz que cueza.

Exprime el limón y vierte el zumo en la sartén y, con las pinzas, pasa la pasta directamente a la salsa • Ralla el parmesano, échalo por encima y sazona al gusto • Pasa la pasta a una bandeja, aligerando la salsa con un chorro de agua de la cocción en caso necesario; esparce por encima las hojas de albahaca y sirve la ensalada y el pan desmenuzado como acompañamiento.

FARFALLE CON SETAS

ENSALADA DE QUESO AZUL, AVELLANAS Y MANZANA

4 RACIONES | 586 CALORÍAS

Pasta

25 g de funghi porcini (setas
   calabaza o ceps) desecados
aceite de oliva
2-4 dientes de ajo
½ guindilla pequeña seca
250 g de setas
6 ramitas de tomillo fresco
320 g de farfalle secas
1 cucharadita de aceite a la trufa
1 limón
½ manojo de perejil de hoja lisa
150 g de queso blanco bajo en
   grasa

Ensalada

50 g de avellanas blanqueadas
200 g de espinacas baby
1 manzana
40 g de queso azul
1 cucharadita de aceite de oliva
   extra virgen

Ingredientes preparados • Agua hirviendo • Sartén grande, a fuego medio-alto • Cazuela grande con tapa, a fuego alto • Sartén pequeña, a fuego medio • Robot de cocina (con hoja de batir)

PONTE A COCINAR

Pon los funghi porcini en una taza y cúbrelos con agua hirviendo • Vierte 2 cucharadas de aceite de oliva en la sartén grande, añade el ajo machacado sin pelar, la guindilla seca desmenuzada y las setas a trozos • Incorpora las hojas de tomillo, los porcini rehidratados, remueve y saltea unos minutos • Echa la pasta en la sartén grande, cúbrela con agua hirviendo con sal y cocínala siguiendo las instrucciones del paquete.

Tuesta las avellanas en la sartén pequeña hasta que estén doradas, removiendo de vez en cuando • Echa las espinacas en una ensaladera, ralla la manzana o córtala en bastoncitos e incorpórala por encima, y añade también el queso azul desmenuzado • Machaca las avellanas tostadas en el mortero y espárcelas por encima de la ensalada • Mete las setas en el vaso del robot de cocina y bátelas hasta obtener una mezcla homogénea; luego pásalas de nuevo a la sartén y añade 3 cucharones de agua de la cocción de la pasta y el aceite a la trufa, sazona al gusto y deja cocer lentamente.

Cuela la pasta, reservando una taza del agua de la cocción, y luego mézclala con la salsa, aligerándola con un chorro del agua de la cocción en caso necesario • Ralla el limón y vierte la ralladura por encima, pica la mayor parte de las hojas de perejil y échalas también, al igual que el queso blanco; remueve y sirve de inmediato • Aliña la ensalada con aceite de oliva extra virgen, incorpora el zumo del limón sin piel por encima y sírvela al lado.

ATÚN EN SALSA VERDE
ENSALADA SICILIANA DE PASTA CON TOMATE

4 RACIONES | 651 CALORÍAS

Ingredientes preparados • Agua hirviendo • Cazuela grande con tapa, a fuego vivo • Robot de cocina (con la hoja de batir) • Sartén grande, a fuego medio

Pasta y atún

320 g de caracolas de pasta secas

8 aceitunas negras (con hueso)

400 g de tomates maduros de tonos diversos

4 pimientos rojos en conserva

70 g de rúcula

4 filetes de atún de 120 g

1 cucharadita de orégano seco

1 cucharadita de semillas de hinojo

aceite de oliva

1 guindilla roja fresca

20 g de queso parmesano

1 limón

Salsa verde

1 manojo grande de menta fresca

1 manojo grande de perejil de hoja lisa

1 limón

2 filetes de anchoa

2 cucharaditas de alcaparras (escurridas)

1 diente de ajo

4 cucharadas de aceite de oliva extra virgen

1 cucharadita colmada de mostaza de Dijon

1 cucharada de vinagre de vino blanco

PONTE A COCINAR

Pon la pasta en la cazuela grande, cúbrela con agua hirviendo con sal y cuécela siguiendo las instrucciones del paquete • Arranca las hojas de la menta y del perejil y échalas en el vaso del robot, añade el zumo del limón, el resto de ingredientes de la salsa verde (pela el ajo) y bate hasta que la mezcla quede fina; sazona al gusto, aligera la mezcla con 2 cucharadas de agua y reserva.

Chafa las aceitunas (quítales el hueso), corta los tomates y los pepinos en trozos y échalo todo en un cuenco grande, con la rúcula troceada encima • Frota el atún con sal, pimienta, el orégano y las semillas de hinojo y rocíalo con una cucharada de aceite de oliva, ponlo en la sartén y fríelo 1½ minutos por lado (lo ideal sería que el atún quede rosadito por el centro).

Cuela la pasta (reserva una taza del agua de la cocción) y añádela al cuenco del tomate, echa la mitad de la salsa verde y un chorrito de agua de la cocción si quieres aligerarla; luego sírvelo todo en una bandeja bonita • Coloca el atún encima, vierte el resto de salsa verde por encima, esparce la guindilla cortada en rodajas, unas escamas de parmesano (obtenidas con el pelador) y decora con cuñas de limón.

ESPAGUETIS AL PESTO
PESCADO AL VAPOR CON LIMÓN

4 RACIONES | 649 CALORÍAS

Pescado

200 g de vieiras grandes
400 g de filetes de pescado blanco,
   desescamado y sin espinas
aceite de oliva
1 limón
½ guindilla roja seca

Pasta

320 g de espaguetis secos
200 g de judías verdes
200 g de broccolini (brécol de tallos
   tiernos) morados

Pesto

75 g de almendras blanqueadas
1 manojo grande de albahaca fresca
1 diente de ajo
2 cucharadas de aceite de oliva
   extra virgen
50 g de parmesano
1 limón

Ingredientes preparados • *Agua hirviendo* • *Wok o cazuela grande, a fuego medio* • *Cazuela grande con tapa, a fuego medio* • *Robot de cocina (con la hoja de batir)* • *Dos cestas de bambú de 25 cm para cocinar al vapor*

PONTE A COCINAR

Marca las vieiras por un lado haciéndoles varios cortes cruzados profundos • Echa 2,5 cm de agua hirviendo en el wok o en una cazuela grande, y el resto del agua en la otra cazuela, con los espaguetis y un pellizco de sal, y cuécelos siguiendo las instrucciones del paquete • Pon las almendras en el vaso del robot de cocina, con la mayor parte de las hojas de albahaca y el ajo machacado con piel • Añade el aceite de oliva extra virgen, el parmesano y el zumo de ½ limón, bate hasta obtener una mezcla suave, sazona al gusto y comprueba el equilibrio de sabores: debería tener un sabor limpio y refrescante.

Alinea las judías sobre la tabla y corta los extremos; añádelas a la cazuela de la pasta • Pon una de las cestas para cocer al vapor dentro del wok y añade los broccolini con el extremo recortado; luego pon la segunda cesta encima • Echa una cuchara de aceite de oliva por encima, la ralladura de un limón y la mitad de su zumo, la guindilla desmenuzada; pon la tapa de la cesta y deja que se cueza al vapor.

Cuela la pasta y las judías, reservando una taza de agua de la cocción, y luego vuelve a poner la pasta en la cazuela • Echa encima el pesto que tienes en el vaso del robot y mézclalo todo junto, aligerando la mezcla con un chorrito de agua de la cocción hasta que la pasta quede sedosa • Incorpora zumo de limón a tu gusto, y sírvelo en un cuenco con los broccolini • Decora con el resto de hojas de albahaca y sirve la pasta acompañada de la cesta con el pescado al vapor.

SOPAS Y
BOCADILLOS

SOPA DE TOMATE MEXICANA

NACHOS AL CHILE Y TROPEZONES DE VERDURAS Y QUESO FETA

Ingredientes preparados • Agua hirviendo • Horno con el gratinador al máximo • Cazuela grande con tapa, a fuego alto • Batidora de mano

Sopa

1 manojo pequeño de cebolletas
aceite de oliva
1 manojo de cilantro fresco
4 dientes de ajo
100 g de arroz basmati
450 g de pimientos rojos en
    conserva
2 latas de 400 g de tomate natural
    troceado
250 ml de yogur natural desnatado
2 cucharaditas de jalapeños en
    conserva
½ manojo de menta fresca
2 limas

Tropezones

1 puñado de tomates cherry
1 aguacate maduro
30 g de queso feta

Nachos

2-3 guindillas frescas, rojas y verdes
175 g de nachos bajos en sal
50 g de queso cheddar

PONTE A COCINAR

Limpia y corta las cebolletas en rodajas finas (reservando una parte para decorar) y saltéalas en la cazuela con 2 cucharadas de aceite • Incorpora los tallos de cilantro (reservando las hojas) • Machaca el ajo sin pelar con un picador de ajos y añádelo, así como el arroz, los pimientos en conserva escurridos y el tomate de lata • Añade 850 ml de agua hirviendo, un pellizco de sal y pon a cocer con la tapa puesta.

Corta los tomates cherry en cuartos, el aguacate por la mitad (descartando el hueso) y pon ambos en una tabla con la cebolleta reservada, las hojas de cilantro y el queso feta • Corta las guindillas a rodajas finas y añade la mitad a la tabla • Vuelca los nachos en una bandeja de horno, ralla el cheddar por encima y esparce el resto de la guindilla; pon la bandeja a gratinar en el estante superior del horno hasta que el queso se funda, y retírala cuando esté dorado.

En un cuenco, mezcla el yogur y los jalapeños, un chorro de su jugo y las hojas de la menta con la batidora de mano hasta obtener una mezcla homogénea • A continuación bate también la sopa, añádele el zumo de ½ lima, sazona al gusto y, si no te gusta tan espesa, añádele un poco de agua para suavizarla • Mánchala con el yogur picante y sírvela acompañada de los nachos, los tropezones y unas cuñas de lima.

MINESTRONE
POLLO POCHADO Y SALSA VERDE

4 RACIONES | 608 CALORÍAS

Ingredientes • *Agua hirviendo* • *Cazuela grande con tapa, a fuego medio* • *Robot de cocina (con la hoja de batir y el accesorio para cortar lonchas gruesas)*

Pollo y sopa

6 lonchas de panceta ahumada
aceite de oliva
2 ramitas de romero fresco
2 zanahorias pequeñas
2 tallos de apio
1 cebolla roja
2 cubitos de caldo de pollo
½ brécol
½ coliflor
100 g de arroz basmati
100 g de macarrones secos
2 pechugas de pollo de 150 g sin
    piel
1 puñado de habas congeladas
1 puñado de guisantes congelados
200 g de espinacas baby
parmesano para servir

Salsa verde

1 manojo de estragón o perejil
1 manojo de menta fresca
2 filetes de anchoa
1 cucharada de pepinillos
1 cucharada de alcaparras
1 cucharadita colmada de mostaza
    de Dijon
1 diente de ajo
3 cucharadas de aceite de oliva
    extra virgen
1 cucharada de vinagre de sidra

PONTE A COCINAR

Corta la panceta en lonchas finas y saltéalas en la cazuela con 2 cucharadas de aceite de oliva y las hojas de romero hasta que queden crujientes; luego pásalo todo a un cuenco, dejando la sartén en la cazuela • Apártala del fuego • Corta en rodajas las zanahorias y el apio, ya limpios, y la cebolla pelada, y échalo todo en la cazuela • Vuelve a subir el fuego, añade sal, pimienta y los cubitos de caldo desmenuzados • Corta los tallos del brécol en rodajas (reservando las cabezuelas) y toda la coliflor usando el accesorio cortador del robot, y échalos en la cazuela con el arroz y los macarrones; cúbrelo todo con 1,5 litros de agua hirviendo y pon la tapa.

Sobre una superficie de plástico, aplasta el extremo más grueso de las pechugas de pollo con un rodillo para igualarlas e incorpóralas a la cazuela, asegurándote de que quedan sumergidas del todo; tapa de nuevo • Pon de nuevo la hoja de batir en el robot, y mete en el vaso el estragón o perejil, las hojas de la menta, las anchoas, los pepinillos, las alcaparras y la mostaza • Machaca el ajo, con la piel, en un picador de ajos y añádelo; bátelo todo hasta obtener una mezcla homogénea • Échalo todo en un cuenco, añade una cucharada del caldo, el aceite de oliva extra virgen y el vinagre y mézclalo todo, aligerando la mezcla con un chorro más de caldo en caso necesario.

Tras unos 8 minutos, saca el pollo cocido y añade las cabezuelas de brécol, las habas, los guisantes y las espinacas a la sopa; vuelve a poner la tapa • Echa la salsa verde en el fondo de una bandeja, corta el pollo en filetes y disponlos sobre la salsa, con la panceta crujiente y el romero por encima • Añade más agua hirviendo a la sopa si te gusta caldosa; decórala con unas escamas de parmesano y no las mezcles con el resto hasta el momento de servir.

CREMA DE SETAS
TOSTAS DE QUESO STILTON, MANZANA Y NUEZ

4 RACIONES | 405 CALORÍAS

Ingredientes preparados • Agua hirviendo • Horno con el gratinador al máximo • Cazuela grande con tapa, a fuego medio • Plancha, a fuego vivo • Batidora de mano

Sopa

2 cebollas
aceite de oliva
1 cubito de caldo de pollo o verduras
½ manojo de tomillo fresco
2 dientes de ajo
4 champiñones grandes
100 g de arroz basmati
1 cucharada de crema de leche
1 cucharadita de aceite a la trufa

Tostas

8 setas grandes
1 chapata
1 diente de ajo
1 manzana
½ manojo de perejil rizado fresco
1 limón
50 g de queso stilton
1 puñadito de nueces peladas

PONTE A COCINAR

Pela las cebollas, córtalas por la mitad y luego a rodajas finas, y saltéalas en la cazuela grande con 2 cucharadas de aceite de oliva • Añade el cubito de caldo desmenuzado, un pellizco de sal y pimienta, las hojas de tomillo y 2 dientes de ajo machacados con piel • Quítales el sombrerillo a las setas y ponlas a freír en la plancha, dándoles la vuelta cuando queden marcadas • Trocea los pies de estas setas y los champiñones e incorpóralos a la cazuela de la cebolla; añade el arroz y saltéalo un par de minutos • Añade un litro de agua hirviendo y deja que cueza con la tapa puesta.

Corta 4 rebanadas de chapata en diagonal y ponlas a tostar sobre la plancha • Cuando estén tostadas por ambos lados, frótalas con medio diente de ajo • Ralla la manzana a tiras gruesas o córtala a bastoncitos y mézclala con el perejil troceado y un poco de zumo de limón • Pon las setas sobre las tostadas, echa el queso stilton desmenuzado y las nueces rotas por encima y ponlo todo en el horno, bajo el gratinador, hasta que el queso se funda.

Usa la batidora de mano para darle a la crema la consistencia que prefieras y luego corrige de sal y pimienta y añade la crema y el aceite de trufa • Pon unos pellizcos de manzana rallada (o unos bastoncitos de manzana) y perejil sobre las tostadas y sírvelas de acompañamiento.

SOPA DE CALABAZA
BOCADITOS DE CASTAÑA CON SALVIA

4 RACIONES | 484 CALORÍAS

Sopa

1 manojo de cebolletas
unas ramitas de romero fresco
1 guindilla roja fresca
1 cubito de caldo de pollo
aceite de oliva
1 calabaza alargada mediana (solo la
    parte cilíndrica)
3 zanahorias
1 lata de 400 g de garbanzos

Bocaditos

100 g de castañas envasadas al
    vacío
100 g de harina con levadura, y más
    para decorar
1 cubito de caldo de pollo
8 lonchas de panceta ahumada
10 hojas de salvia frescas
1 nuez moscada entera, para rallar
opcional: 30 g de queso cheddar

Ingredientes preparados • Agua hirviendo • Robot de cocina (con la hoja de batir) • Dos cazuelas grandes con tapa, una a fuego medio y otra a fuego vivo • Batidora de mano

PONTE A COCINAR

Limpia las cebolletas, córtalas a trozos y bátelas en el robot de cocina con las hojas de romero, la guindilla y el cubito de caldo hasta obtener una mezcla homogénea; luego pásala a una cazuela a fuego medio con una cucharada de aceite • Corta la parte cilíndrica de la calabaza, elimina el tallo y córtala en trozos (no la peles, y guárdate el extremo de las semillas para otro día) • Bate la calabaza en el robot con las zanahorias, ya limpias, hasta que te quede bien picada • Añádelas a la cazuela con los garbanzos, su líquido y un litro de agua hirviendo • Pon la tapa y cuece a fuego vivo • Pon de nuevo agua a hervir en la *kettle*.

Pica las castañas, la harina, el cubito de caldo y un pellizco de pimienta en el robot • Añade 100 ml de agua fría, pero progresivamente, hasta que obtengas una masa firme • Parte la masa por la mitad y modela cada mitad en forma de salchicha sobre una superficie enharinada; luego corta trozos de 2 cm • Llena la otra cazuela con agua hirviendo, echa los bocaditos, pon la tapa y déjalos que cuezan a fuego medio unos 6 minutos, o hasta que queden blanditos.

Bate las verduras con una batidora de mano hasta obtener una crema suave, sazona al gusto y déjala cocer a fuego suave hasta el momento de servir • Echa la panceta en una bandeja alta de rustir y fríela a fuego vivo con una cucharada de aceite • Cuando empiece a dorarse, añade las hojas de salvia • Saca los bocaditos con una espumadera, échalos en la bandeja de la panceta con la salvia, ralla media nuez moscada por encima y sírvelos con un poco de queso cheddar rallado por encima si quieres.

BLT MEXICANO
CON CHILES, GUACAMOLE Y ENSALADA

Ingredientes preparados • Horno a 130°/posición ½ • Sartén mediana, a fuego medio-alto • Robot de cocina (con la hoja de batir)

PONTE A COCINAR

Pon a freír la panceta en la sartén, y retírala cuando esté dorada • Pon el pollo sobre una hoja grande de papel de horno, y aderézalo con la sal, la pimienta, el orégano y el comino • Pliega el papel y pasa un rodillo de cocina por encima para aplanar el pollo hasta obtener un grosor de 1,5 cm • Ponlo a freír en la sartén, dándole la vuelta a los 3 o 4 minutos, hasta que te quede dorado y bien hecho • Mete la baguette en el horno • Corta la lechuga en cuñas, los rábanos por la mitad y amontónalos sobre la tabla, añade los berros y echa el queso feta encima de todo.

Mezcla el vinagre, el aceite de oliva extra virgen y un pellizco de sal y pimienta en un cuenco pequeño y luego echa la mezcla sobre la tabla con un montoncito de guindillas en vinagre • En el robot de cocina, pica bien la mayor parte del cilantro, la guindilla y las cebolletas, limpias • Saca la pulpa al aguacate (descartando la piel y el hueso), añádela, así como el tomate y el jugo de 1½ limas, pica de nuevo y sazona al gusto.

Vuelve a poner la panceta crujiente en la sartén del pollo para que se caliente • Saca el pan del horno y ábrelo por la mitad a lo largo • Extiende el guacamole sobre el pan, desmenuza una de las cuñas de lechuga y échala por encima, añade el pollo y la panceta y el jugo que quede en la sartén y, al final, el resto de hojas de cilantro • Sirve el bocadillo acompañado de cuñas de lima, las guindillas en vinagre y la ensalada, que puedes aliñar en la mesa.

BLT
4 lonchas de panceta ahumada
2 pechugas de pollo de 180 g sin piel
1 pellizco de orégano seco
1 pellizco de semillas de comino
1 baguette

Ensalada
1 cogollo de lechuga pequeño
1 manojo de rábanos
2 cestitas de berros
40 g de queso feta
2 cucharadas de vinagre de vino tinto
2 cucharadas de aceite de oliva extra virgen
8 guindillas verdes en vinagre

Guacamole
½ manojo de cilantro fresco
1 guindilla roja fresca
4 cebolletas
2 aguacates maduros
5 tomates cherry maduros
2 limas

LOS MEJORES BOCADILLOS DE PESCADO
PURÉ SUAVE DE GUISANTES Y SALSA TÁRTARA

4 RACIONES | 665 CALORÍAS

Bocadillos

4 panecillos integrales, redondos y
   tiernos
4 filetes de pescado grandes
   (cortados por la mitad) u 8
   pequeños (unos 480 g en total),
   por ejemplo de platija, lenguado o
   gallo, sin piel ni espinas
1 pellizco de pimienta de Cayena
½ taza de harina
aceite de oliva
25 g de parmesano
1 cestita de berros
1 limón

Guisantes

½ patata
500 g de guisantes congelados
½ manojo de menta fresca

Salsa

6 pepinillos
1 cucharada de alcaparras
1 cogollo de lechuga pequeño
250 g de yogur natural desnatado
¼ manojo de perejil de hoja lisa
1 limón

Ingredientes preparados • Agua hirviendo • Horno a 130°/posición ½ • Cazuela
pequeña con tapa, a fuego vivo • Sartén grande, a fuego alto • Robot de cocina
(con la hoja de batir)

PONTE A COCINAR

Mete los panecillos en el horno • Corta la patata en rodajas de 0,5 cm, métela en la cazuela pequeña, cúbrela con agua hirviendo, tápala y ponla a
cocer • Sobre una hoja de papel parafinado, sazona el pescado con sal, pimienta y la pimienta de Cayena y luego espolvorea harina por encima.

Vierte 2 cucharadas de aceite en la sartén y pon el pescado a freír • Cuando
esté dorado, antes de darle la vuelta, ralla un poco de parmesano por encima • Echa los guisantes congelados en la cazuela con la patata, arranca las
hojas de la menta, añádelas y vuelve a tapar.

Pon los pepinillos, las alcaparras, la lechuga y el yogur en el vaso del robot
• Arranca las hojas del perejil, incorpóralas, y también el zumo de limón;
bátelo todo, sazona al gusto y sirve la salsa en un cuenco • Cuela los guisantes y las patatas, bátelos para obtener un puré y sazona al gusto • Cuando el pescado esté a punto, saca los panecillos del horno y rellénalos;
acompañándolos con el puré de guisantes, la salsa tártara, unos berros y
cuñas de limón.

BOCATA DE SETAS A LA PLANCHA
CON PANCETA AHUMADA, QUESO FUNDIDO Y PERAS

4 RACIONES | 491 CALORÍAS

Ingredientes preparados • Horno con el gratinador al máximo • Plancha, a fuego vivo

Bocatas

1 chapata
4 champiñones grandes
50 g de queso emmental
½ manojo de tomillo fresco
½ diente de ajo
2 peras maduras
8 lonchas de panceta ahumada
1 cucharadita de miel ligera
2 tomates maduros grandes
125 g de queso blanco bajo en
   grasa
½ limón

Ensalada

1 lechuga redonda
1 achicoria
100 g de berros
1 manojo de rábanos
1 puñado de nueces peladas
5 pepinillos
1 cucharada de vinagre de vino
   blanco
2 cucharadas de aceite de oliva
   extra virgen
1 cucharadita de mostaza de Dijon

PONTE A COCINAR

Pon la chapata a calentar en la parte baja del horno • Quita los pies a los champiñones y descártalos; pon los sombrerillos a freír en la plancha • Corta la lechuga en cuartos, rebana el extremo de la achicoria y ve sacándole las hojas; pon ambas en una ensaladera con los berros y los rábanos cortados por la mitad • Pica los pepinillos y échalos por encima con las nueces.

En un cuenco, mezcla el vinagre con el aceite, la mostaza, la sal y la pimienta • Pasa los champiñones a una bandeja de horno y échales por encima el emmental cortado a láminas • Arranca las hojas del tomillo, machaca el ajo con piel con un picador y echa ambas cosas sobre los champiñones; mete la bandeja en el horno hasta que el queso se funda.

Corta las peras a cuartos y ponlas sobre la plancha; dales la vuelta cuando se doren e incorpora la panceta al mismo tiempo para que quede crujiente; 30 segundos antes de sacarlas, rocía las peras con la miel • Corta los tomates en rodajas • En un cuenco, mezcla el queso blanco con la ralladura y el zumo de ½ limón y un pellizco de sal y pimienta • Abre la chapata caliente y rellénala • Aliña la ensalada en el último minuto y sirve.

SARDINAS A LA PLANCHA

Ingredientes preparados • Horno a 200°/posición 6 • Robot de cocina (con la hoja de batir y accesorio para cortar lonchas finas) • Plancha, a fuego vivo

PONTE A COCINAR

Recorta los bordes largos de las chapatas y luego córtalas por la mitad a lo largo; ponlas a tostar en el horno y retíralas cuando estén doradas • Echa la remolacha en un cuenco poco profundo y tritúrala con un triturador de patata • Aderézala con un poco de vinagre balsámico, sal y pimienta • Trocea la mitad de las hojas de albahaca y mézclalas con la remolacha.

Corta el bulbo de hinojo en cuatro y luego córtalo en lonchas finas en el robot, así como ½ limón • Trocea las hojas de la menta, añádelas al vaso del robot, revuélvelo todo y sazona al gusto • Sazona ligeramente las sardinas con sal, pimienta y la pimienta de Cayena y fríelas en la plancha unos 3 minutos por cada lado, o hasta que se doren.

Quita el accesorio rallador del robot y ponle la hoja de batir • Echa en el vaso los garbanzos escurridos, la mantequilla de cacahuete y el zumo de un limón • Arranca el resto de hojas de albahaca, y añádelas, así como las semillas de comino y el yogur, bate hasta obtener una mezcla suave y sazona al gusto • Frota las tostadas con medio diente de ajo y los tomates y disponlas en una tabla bonita con el jamón • Rocía las sardinas con un poco de zumo de limón, llévalo todo a la mesa y distribuye la remolacha y la pasta de hinojo por las tostadas como más te guste.

Bruschette

2 chapatas
250 g de remolacha cocida
   envasada al vacío
vinagre balsámico
1 puñado de albahaca fresca
1 bulbo pequeño de hinojo
1 limón
unas ramitas de menta fresca
1 diente de ajo
8 tomates cherry maduros
4 lonchas de jamón

Sardinas

8 sardinas enteras de 80 g,
   desescamadas y sin tripas
1 pellizco de pimienta de Cayena

Humus

1 lata de 400 g de garbanzos
1 cucharadita colmada de
   mantequilla de cacahuete suave
1 limón
1 pellizco de semillas de comino
2-3 cucharadas de yogur natural
   desnatado

VEGETARIANO

HAMBURGUESAS DE LA VACA FELIZ
COLESLAW A LA ANTIGUA Y MAZORCAS DE MAÍZ

Maíz
4 mazorcas
1 cucharada de aceite de oliva extra
1 lima
1 pellizco de pimienta de Cayena

Hamburguesas
1 manojo grande de cilantro fresco
1 lata de 400 g de judías variadas
200 g de habas congeladas
½ cucharadita de pimienta de
  Cayena
½ cucharadita de comino molido
½ cucharadita de cilantro molido
1 limón
1 cucharada colmada de harina, y
  algo más para enharinar
aceite de oliva
2 tomates maduros grandes
1 cogollo de lechuga pequeño
4 pepinillos
75 g de queso feta
4 panecillos para hamburguesa
tomate kétchup para servir

Coleslaw
½ col blanca y ½ col lombarda
  pequeñas (200 g cada una)
½ cebolla roja
4 cucharadas de yogur desnatado
1 cucharadita de mostaza en grano

Ingredientes preparados • Agua hirviendo • Horno a 130°/posición ½ • Cazuela grande con tapa, a fuego medio • Robot de cocina (con la hoja de batir y accesorio rallador grueso) • Sartén grande, a fuego medio-alto

PONTE A COCINAR

Pon las mazorcas en la cazuela, añade agua hirviendo y cuécelas con la tapa puesta • Echa los tallos del cilantro en el vaso del robot de cocina (reserva las hojas), escurre las judías variadas e incorpóralas, al igual que las habas, con un pellizco de sal, las dos pimientas, el comino, el cilantro molido, la ralladura de limón y la harina • Bate hasta obtener una mezcla homogénea, rascando los lados del vaso si necesitas despegar la pasta.

Vierte la mezcla sobre una encimera bien enharinada, divídela en 4 trozos, haz una bola con cada uno y aplánala hasta que tenga 2,5 cm de grosor, cubriéndote las manos de harina y las hamburguesas también • Echa 2 cucharadas de aceite de oliva en la sartén y luego las hamburguesas, presiónalas con una espátula y dales la vuelta cuando estén doradas • Corta en rodajas los tomates, la lechuga y los pepinillos sobre una tabla bonita y desmenuza el queso feta en un extremo • Pon los panecillos en el horno.

Coloca el accesorio rallador en el robot y ralla la col y la cebolla roja ya pelada; echa las verduras ralladas en un cuenco • Trocea las hojas de cilantro y añádelas al cuenco, con el yogur, la mostaza y el zumo del limón al que has sacado la ralladura, remueve bien y sazona al gusto • Escurre las mazorcas, ponlas sobre una bandeja, rocíalas con el aceite de oliva extra virgen y el zumo de lima y sazónalas con un pellizco de sal y la pimienta de Cayena • Saca los panecillos del horno, córtalos por la mitad, echa dentro un chorro de kétchup y mete las hamburguesas, dejando que cada uno la complemente con sus ingredientes favoritos.

CHILE VEGETAL

ENSALADA DE AGUACATE CON TORTILLA MEXICANAS

Chile y arroz

1 chile chipotle ahumado o un chile
    ancho, secos
½ guindilla roja fresca
1 cebolla roja
1 cucharadita de pimentón dulce
½ cucharadita de semillas de
    comino
1 o 2 dientes de ajo
1 manojo grande de cilantro fresco
aceite de oliva
2 pimientos de colores variados
1 lata de 400 g de garbanzos
1 lata de 400 g de frijoles negros
700 g de tomate natural triturado
1 paquete de 250 g de arroz de
    grano largo y arroz salvaje
    mezclados

Ensalada

4 tortillas mexicanas pequeñas
2 aguacates maduros
3 cucharadas colmadas de yogur
    natural desnatado, y un poco más
    para servir
2 limas
1 lechuga romana
½ pepino
1 guindilla roja fresca
1 puñado de tomates cherry
    maduros

Ingredientes preparados • *Horno a 200º/posición 6* • *Robot de cocina (con la hoja de batir)* • *Cazuela con tapa, a fuego vivo* • *Batidora de mano*

PONTE A COCINAR

Pon los chiles, la guindilla, la cebolla pelada y cortada por la mitad, el pimentón y las semillas de comino en el vaso del robot, añade el ajo machacado con piel y los tallos de cilantro (reserva las hojas) y 2 cucharadas de aceite y bate hasta obtener una mezcla fina • Echa la mezcla en la cazuela, añade los pimientos troceados y sin semillas, los garbanzos y los frijoles escurridos, un pellizco de sal y pimienta y el tomate triturado, remueve bien y tapa • Dobla las tortillas por la mitad, córtalas en tiras de 0,5 cm, échalas sobre una bandeja y hornéalas hasta que estén doradas y crujientes.

Pon la mayor parte de las hojas de cilantro, un pellizco de sal y pimienta, medio aguacate pelado, el yogur y el zumo de 2 limas en un recipiente y bátelo todo con la batidora de mano hasta obtener una mezcla brillante • Prueba el chile, rectifica de sal y pimienta y destapa la cazuela • Saca las tortillas del horno, ponlas en una ensaladera, corta la lechuga en cuñas y échalas por encima • Añade el aguacate a trozos por encima • Pela el pepino y haz cintas con el pelador; corta media guindilla en rodajas finas y añade ambos a la ensalada.

Haz un hueco en el centro del chile y echa ahí el arroz; vuelve a tapar la cazuela y deja que se caliente • Vierte el aliño sobre la ensalada y echa por encima las hojas de cilantro restantes, la guindilla que queda cortada en rodajas finas y los tomates cherry cortados por la mitad; mézclalo todo bien • Sírvela acompañada de unas cucharadas de yogur.

FALAFELS ENROLLADOS
VERDURAS A LA PLANCHA Y SALSA

4 RACIONES | 602 CALORÍAS

Ingredientes preparados • Robot de cocina (con la hoja de batir) • Sartén grande, a fuego medio • Plancha, a fuego vivo

Falafel

1 lata de 400 g de judías variadas
1 lata de 400 g de garbanzos
1 limón
1 cucharada de harissa
1 cucharadita colmada de pimienta de Jamaica
1 cucharada colmada de harina
1 manojo de cilantro fresco
aceite de oliva

Guarnición

2 pimientos de diferente color
4 cebolletas
8 tortillas integrales pequeñas
1 cucharada de salsa de guindillas Lingham's
250 g de queso blanco bajo en grasa
opcional: col lombarda en vinagre

Salsa

1 gran puñado de tomates maduros de tonos variados
½ o 1 guindilla roja fresca
½ diente de ajo
1 lima

PONTE A COCINAR

Escurre las judías y los garbanzos y pon ambos en el vaso del robot • Añade la ralladura del limón, un pellizco de sal y pimienta, la harissa, la pimienta de Jamaica, la harina y los tallos de cilantro (reserva las hojas) • Bate hasta obtener una mezcla homogénea • Saca la pasta, rascando las paredes del vaso en caso necesario y, con las manos limpias y húmedas, divídela en 8 bolas; aplánalas hasta que tengan 1,5 cm de grosor • Echa una cucharada de aceite en la sartén y añade los falafels; dales la vuelta cuando queden dorados y crujientes.

Quítales las semillas y los tallos a los pimientos, trocéalos y ponlos sobre la plancha, con las cebolletas limpias y cortadas por la mitad y un pellizco de sal y pimienta; dales la vuelta a medida que se tuesten • Mete los tomates, la guindilla y la mitad de las hojas de cilantro en el vaso del robot • Añade el ajo machacado con piel, el zumo de lima y bátelo todo bien; sazona al gusto y sirve la mezcla en un plato.

Mete las tortillas en el microondas 45 segundos (a 800 W) mientras desmenuzas el queso blanco y lo mezclas con la salsa de chile • Exprime medio limón (usa el que has usado para rallar) sobre las verduras a la plancha y sírvelas con los falafels, esparciendo el resto del cilantro por encima de todo • Deja que cada uno se vaya haciendo sus rollitos, y acompáñalo todo con la col lombarda en vinagre, si quieres.

CURRY DE VERDURAS DE KERALA
POPPADOMS, ARROZ Y YOGUR A LA MENTA

Curry

½ coliflor
2 cucharadas de aceite vegetal
1 cucharadita colmada de semillas de mostaza
1 cucharadita de semillas de alholva
1 cucharadita colmada de cúrcuma
1 puñadito de hojas de curry secas
1 trozo de jengibre de unos 4 cm
2 dientes de ajo
6 cebolletas
1 guindilla roja fresca
1 gran puñado de cilantro fresco
2 tomates maduros
400 g de leche de coco ligera
400 g de garbanzos
una lata de 227 g de piña en su jugo
1 limón

Arroz

1 taza (300 g) de arroz integral o basmati de cocción rápida
10 clavos
½ limón

Para servir

4 poppadoms crudos
½ manojo de menta fresca
3 cucharadas de yogur desnatado
½ limón

Ingredientes preparados • *Agua hirviendo* • *Plancha, a fuego vivo* • *Cazuela mediana con tapa, a fuego medio* • *Cazuela grande, a fuego suave* • *Robot de cocina (con la hoja de batir)*

PONTE A COCINAR

Quita las hojas externas de la coliflor, córtala en rodajas de 1 cm de grosor y ponla en la plancha, dándole la vuelta cuando se dore • Echa una taza de arroz y dos tazas de agua hirviendo en la cazuela mediana con los clavos, el medio limón y un pellizco de sal, y tápala • Echa el aceite en la cazuela grande, echa las semillas de mostaza y de alholva, la cúrcuma y las hojas de curry.

Tritura el jengibre y el ajo pelados, las cebolletas limpias, la guindilla y los tallos de cilantro en el robot de cocina e incorpora la mezcla a la cazuela grande • Trocea los tomates e incorpóralos también • Añade la leche de coco, los garbanzos escurridos y los trozos de piña con su jugo • Incorpora la coliflor a la plancha, tapa la cazuela, sube el fuego al máximo y déjala cocer.

Mete los poppadoms crudos en el microondas (a 800 W) un minuto o dos para que se hinchen • Arranca las hojas de la menta y tritúralas en un mortero • Añade el yogur, un buen chorro de limón, sal y pimienta • Echa el zumo de limón restante en el curry y sazona al gusto • Decóralo todo con las hojas de cilantro y sirve con el arroz y los poppadoms.

ENSALADA GRIEGA MODERNA
PAQUETITOS DE ESPINACAS, GARBANZOS Y QUESO FETA

Paquetitos
1 lata de 400 g de garbanzos
100 g de queso feta
100 g de espinacas baby
1 limón
½ cucharadita de pimentón dulce
4 hojas grandes de pasta filo (de un
    paquete de 270 g)
aceite de oliva

Ensalada
1 pepino
1 cebolla roja pequeña
½ manojo de cilantro y menta,
    combinados
20 g de almendras blanqueadas
1 puñado de aceitunas negras (con
    hueso)
650 g de tomates maduros variados
1 lechuga romana
2 cucharadas de aceite de oliva
    extra virgen

Para servir
yogur natural desnatado
miel ligera

Ingredientes preparados • Horno a 220º/posición 7 • Robot de cocina (con la hoja de batir, el accesorio de cortar lonchas gruesas y finas) • Sartén mediana resistente al horno, a fuego medio • Sartén mediana, a fuego medio

PONTE A COCINAR

Escurre los garbanzos y bátelos en el robot con el queso feta, las espinacas, la ralladura de limón y el pimentón • Pliega una hoja grande de pasta filo por la mitad, echa una cuarta parte de la mezcla en el centro, presiona con el pulgar para hacer espacio y que pueda crecer al cocinarse, pliega los lados hacia arriba y presiónalos ligeramente para hacer un paquetito • Repite hasta tener los cuatro • Ponlos en la sartén y fríelos un par de minutos con una cucharada de aceite hasta que queden crujientes; luego métetelos en el horno para que queden dorados.

Coloca el accesorio para cortar lonchas gruesas en el robot • Haz unos surcos a lo largo del pepino con un tenedor y luego córtalo en rodajas • Pon el accesorio de lonchas finas y corta la cebolla pelada • Pasa las verduras a un cuenco, sazona con sal, échale el zumo del limón usado para obtener la ralladura y mézclalas apretando con los dedos para que se impregnen • Por último trocea y echa por encima la mayor parte de las hojas de cilantro y menta.

Incorpora las almendras y las aceitunas en otra sartén con una cucharada de aceite de oliva • Corta los tomates en rodajas gruesas y disponlas en una bandeja grande • Corta la lechuga en rodajas de 1 cm de grosor y añádela a la bandeja, echa por encima el pepino y la cebolla, aliña con el aceite de oliva extra virgen y echa por encima las almendras y las aceitunas • Sirve los paquetitos acompañados de unas cucharadas de yogur, un buen chorro de miel y la ensalada.

BUÑUELOS DE RICOTTA
SALSA DE TOMATE Y ENSALADA DE CALABACÍN

4 RACIONES | 408 CALORÍAS

Salsa

25 g de funghi porcini (setas
   calabaza o ceps) desecados
opcional: 4 filetes de anchoa
1 guindilla roja seca
2 dientes de ajo
700 g de tomate natural triturado
8 aceitunas negras (con hueso)
½ manojo de albahaca fresca

Buñuelos

1 huevo grande
400 g de ricotta
1 nuez moscada, para rallar
1 limón
40 g de parmesano
1 cucharada colmada de harina
aceite de oliva
vinagre balsámico

Ensalada

400 g de calabacines baby, verdes
   o amarillos
1 cucharada de aceite de oliva extra
   virgen
1 guindilla roja fresca
½ manojo de menta fresca
1 limón

Ingredientes preparados • Agua hirviendo • Sartén grande, a fuego medio •
Cazuela grande, a fuego suave • Robot de cocina (con accesorio rallador fino)

PONTE A COCINAR

Pon los porcini en una taza y cúbrelos con agua hirviendo • Casca el huevo,
échalo en el vaso del robot, añade la ricota, ¼ de la nuez moscada rallada, la
ralladura del limón, el parmesano y la harina y bátelo todo • Echa una cucharada de aceite de oliva en la sartén y, con una cuchara, añade 8 grandes cucharadas de la mezcla; dales la vuelta cuando estén bien fritas y doradas.

Pon las anchoas (si las usas) y una cucharada de aceite de oliva en la cazuela, desmenuza la guindilla seca y échala dentro con el ajo, machacado con
piel en un picador de ajos • Por último trocea los porcini y añádelos, con la
mitad de su agua y el tomate triturado, sazona con sal y pimienta y haz que
cueza • Aplasta las aceitunas, quítales el hueso e incorpóralas, al igual
que la albahaca troceada, salvo unas cuantas hojas que debes reservar.

Ralla los calabacines en el robot (o con un rallador) y échalos en un cuenco
con un pellizco de sal y pimienta, el zumo del limón usado para obtener la
ralladura y el aceite de oliva extra virgen • Pica bien la guindilla y las hojas
de la menta e incorpóralas • Coloca los buñuelos sobre la salsa de tomate,
echa las hojas de albahaca reservadas por encima, añade un chorro de vinagre balsámico y acompáñalo todo con cuñas de limón.

VERDURAS AGRIDULCES
ARROZ SECHUÁN AL HUEVO Y ENSALADA CRUJIENTE

4 RACIONES | 481 CALORÍAS

Arroz

1 cucharadita de pimienta de
    Sechuán
500 g de arroz integral cocido
1 limón
2 cucharadas de salsa de guindillas
    dulce
2 huevos grandes

Salteado

2 pimientos de colores variados
1 manojo de espárragos (300 g)
1 guindilla roja fresca
1 trozo de jengibre de unos 4 cm
2 dientes de ajo
aceite de sésamo
125 g de maíz baby
1 manojo de cilantro fresco
1 cucharadita de harina de maíz
1 lata de 227 g de piña en su jugo
1 cucharada de miel ligera
2 cucharadas de vinagre de jerez
200 g de brotes de soja

Ensalada

2 zanahorias
200 g de tirabeques
1 manojo de menta fresca
1 lima
salsa de soja baja en sal

Ingredientes preparados • Sartén grande, a fuego medio • Wok, a fuego medio • Robot de cocina (con accesorio rallador grueso y para cortar lonchas finas)

PONTE A COCINAR

Echa el arroz con la pimienta de Sechuán en la sartén y añade el zumo de limón; remueve bien • Quítales las semillas y los tallos a los pimientos y córtalos a trozos de 2 cm; quítales el extremo leñoso a los espárragos y córtalos también • Pica bien la guindilla, el jengibre pelado y el ajo, y échalos en el wok con 2 cucharadas de aceite • Añade los pimientos, los espárragos y el maíz baby; remueve con frecuencia.

Corta a trozos los tallos de cilantro e incorpóralos al wok (reservando las hojas) • Limpia las zanahorias y rállalas en el robot de cocina • Cambia el accesorio rallador grueso por el de lonchas finas y lamina los tirabeques • Échalo todo en un cuenco grande, añade las hojas de la menta, aliña con el zumo de lima y una cucharada de aceite y sazona al gusto con salsa de soja.

Vierte la harina de maíz sobre las verduras del wok y mezcla bien; luego añade la piña con su zumo, la miel, el vinagre y los brotes de soja • Remueve y sazona al gusto con salsa de soja • Empuja el arroz a un lado de la sartén y en el hueco resultante echa la salsa de guindilla; deja que burbujee • Casca los huevos y échalos encima, remueve y mezcla progresivamente con el arroz • Sírvelo todo decorado con hojas de cilantro.

PAQUETITOS DE CAMEMBERT
ENSALADA DE OTOÑO Y SALSA DE ARÁNDANOS

4 RACIONES | 651 CALORÍAS

Ingredientes preparados • Robot de cocina (con la hoja de batir) • Sartén grande, a fuego medio • Cazuela pequeña, a fuego medio • Licuadora

Paquetitos de camembert

200 g de queso camembert
100 g de nueces peladas
1 manojo de cebollinos frescos
1 limón
4 hojas grandes de pasta filo (de un paquete de 270 g)
1 cucharadita de aceite de oliva

Salsa de arándanos

75 g de arándanos desecados
1 pellizco de clavo molido
½ cucharadita de jengibre molido
125 ml de oporto

Ensalada

1 granada
2 cucharadas de vinagre balsámico
2 cucharadas de aceite de oliva extra virgen
1 achicoria
1 endivia
1 manzana
100 g de berros

PONTE A COCINAR

Desmenuza el camembert y bátelo en el robot con las nueces, la mitad de los cebollinos y la ralladura de limón • Sobre una superficie limpia, pliega cada una de las hojas de pasta por la mitad • Echa una cuarta parte de la mezcla en la parte inferior de una de las hojas, en forma de salchicha, presiona con el pulgar en el centro para hacer un hueco y que pueda crecer al cocerse, y enróllala sin presionar, como si quisieras liar un puro • Repite hasta obtener 4 paquetitos alargados • Frótalos con aceite de oliva y ponlos a freír en la sartén hasta que te queden dorados y crujientes.

Echa los ingredientes de la salsa de arándanos en la cazuela pequeña, añade un chorrito de agua y deja que cuezan • Corta la granada por la mitad y estruja una de las mitades; vierte el zumo sobre una bandeja grande • Añade el vinagre balsámico, el aceite de oliva extra virgen y un pellizco de sal y pimienta, y luego los cebollinos restantes, bien picados • Corta el tronco de la achicoria y la endivia en rodajas finas y separa las hojas • Ralla la manzana o córtala en bastoncitos y disponla sobre la bandeja con la achicoria, la endivia y los berros.

Bate la salsa de arándanos en el robot hasta que quede suave (puede que tengas que añadir un chorro de agua) • Viértela en una bandejita o un cuenco pequeño y sírvela con los paquetitos para mojarlos en ella • Remueve la ensalada cuando ya esté en la mesa, agarra la otra mitad de la granada con el corte hacia abajo y golpéala con una cuchara para hacer caer las semillas por encima.

ENSALADA MEXICANA
CON FRIJOLES Y AGUACATE A LA PARRILLA

4 RACIONES | 725 CALORÍAS

Nachos

175 g de nachos bajos en sal
30 g de queso cheddar
1 guindilla roja fresca
1 guindilla verde fresca

Ensalada

1 lata de 400 g de frijoles
1 lata de 400 g de judías variadas
aceite de oliva
1 pellizco de comino molido
2 aguacates maduros
1 buen pellizco de cilantro molido
200 g de hojas de ensalada variadas

Aliño

2 cebolletas
1 manojo de cilantro fresco
1 cucharada de jalapeños en
   conserva cortados en rodajas
aceite de oliva extra virgen
2 cucharadas de yogur natural
   desnatado
2 limas

Ingredientes preparados • Horno con el gratinador a potencia media • Sartén mediana, a fuego medio • Plancha grande, a fuego vivo • Licuadora

PONTE A COCINAR

Extiende los nachos en una bandeja de horno y ralla el queso cheddar por encima • Corta las guindillas a rodajas finas, mete la bandeja en el horno, a una altura intermedia, y retírala cuando el queso esté dorado • Escurre las judías y los frijoles y échalos en una sartén con una cucharada de aceite de oliva y el comino, removiendo de vez en cuando, hasta que se vayan abriendo y queden crujientes.

Corta los aguacates en cuartos, quítales el hueso y la piel y engrásalos con aceite de oliva, sal, pimienta y el cilantro molido • Ponlos sobre la plancha caliente hasta que queden marcados y luego retíralos • Limpia las cebolletas y córtalas por la mitad; métellas en la licuadora con la mitad del cilantro, los jalapeños y un buen chorro de vinagre, una cucharada de aceite de oliva extra virgen, el yogur y el zumo de una lima; bátelo todo y sirve la mezcla en un cuenco.

Dispón las hojas para ensalada en una bonita ensaladera y echa por encima las hojas de cilantro restantes; luego coloca el aguacate a la plancha alrededor y vierte las judías salteadas por encima • Aliña la ensalada con una cucharadita de aceite de oliva extra virgen y sírvela acompañada de los nachos al queso, unas cuñas de lima y el aliño para rociar o mojar.

SABROSO DAAL CURRY
ENSALADA TIBIA DE TOMATE Y NAAN

4 RACIONES | 696 CALORÍAS

Daal

1 cebolla
1 diente de ajo
1 trozo de jengibre de unos 4 cm
1 o 2 guindillas rojas frescas
1 pimiento rojo
1 manojo grande de cilantro fresco
aceite vegetal
1 puñado de hojas de curry frescas
1 cucharadita de cúrcuma
1 cucharadita de semillas de alholva
2 cucharaditas de semillas de
  mostaza
300 g de lentejas rojas secas
1 lata de 400 g de leche de coco
  ligera
200 g de espinacas baby

Ensalada

500 g de tomates cherry maduros
  de tonos variados
1 limón
1 cucharadita de guindilla en polvo
2 dientes de ajo

Para servir

2 panes naan
yogur natural desnatado

Ingredientes preparados • Agua hirviendo • Horno a 130%/posición ½ • Robot de cocina (con la hoja de batir) • Cazuela con tapa, a fuego alto • Sartén, a fuego suave

PONTE A COCINAR

Pela la cebolla, el ajo y el jengibre, corta la cebolla en dos y échalo todo en el robot con la guindilla, el pimiento sin semillas, los tallos de cilantro y un pellizco de sal y pimienta; bate hasta obtener una mezcla homogénea • Echa una cucharada de aceite en la cazuela y añade las hojas de curry, la cúrcuma, las semillas de alholva y la mitad de las semillas de mostaza; remueve bien • Incorpora las verduras picadas y sofríe un par de minutos; luego añade las lentejas, 700 ml de agua hirviendo y la leche de coco • Pon la tapa a la cazuela y deja que cueza, removiendo de vez en cuando.

Pon el pan naan en el horno • Corta los tomates cherry por la mitad y pica bien medio limón (con piel y todo) • Añade una cucharada de aceite, la guindilla en polvo, el limón picado y el resto de semillas de mostaza en la sartén • Machaca el ajo sin pelar con el picador de ajos e incorpóralo, junto al resto del zumo de limón • Añade los tomates y remueve medio minuto; sazona al gusto.

Mezcla las espinacas con el daal, retira el pan naan del horno y sírvelo todo acompañado con un cuenco de yogur • Esparce unas hojas de cilantro por encima.

TORTILLA DE PRIMAVERA

TOSTADAS CON TOMATE, ENSALADA DE BERROS Y GUISANTES

4 RACIONES | 468 CALORÍAS

Tortilla

2 calabacines medianos, verdes o
   amarillos
1 manojo de menta fresca
aceite de oliva
8 huevos grandes
½ cucharadita de aceite a la trufa
1 pellizco de pimienta de Cayena
4 ramitas de tomillo fresco
40 g de queso pecorino
1 guindilla roja fresca
20 g de queso feta

Tostadas

4 rebanadas de chapata de 2 cm
1 diente de ajo
4 tomates cherry maduros
1 cucharadita de orégano seco

Ensalada

aceite de oliva extra virgen
1 limón
150 g de guisantes crudos sin vaina
100 g de berros
1 corazón de apio

Ingredientes preparados • Horno con el gratinador a máxima potencia • Robot de cocina (con rallador fino y accesorio para cortar lonchas finas) • Sartén de 26 cm resistente al horno • Plancha, a fuego vivo

PONTE A COCINAR

Ralla los calabacines con el robot, échalos en un cuenco, sazónalos con sal y esparce unas cuantas hojas de menta; remueve y estrújalo para eliminar el exceso de agua salada • Añade una cucharadita de aceite de oliva en la sartén, echa el calabacín y sofríelo unos minutos, removiendo con frecuencia • Bate los huevos en un cuenco con el aceite de trufa, la pimienta de Cayena, las hojas de tomillo y la mitad del pecorino rallado fino; luego vierte la mezcla sobre los calabacines • Remueve un minuto, mezclando, y luego añade el resto del pecorino rallado y mete la sartén en el horno, en el nivel más alto, para que acabe de hacerse y quede dorada y esponjosa (unos 5 minutos).

Pon las rebanadas de chapata sobre la plancha y dales la vuelta cuando estén doradas • Echa 2 cucharadas de aceite de oliva extra virgen en una bandeja, con el zumo de limón y un pellizco de sal y pimienta • Trocea el resto de las hojas de la menta y espárcelas por la bandeja con los guisantes y los berros • Coloca el accesorio cortador de lonchas finas en el robot, arráncale los tallos externos al apio (guárdalos para otro día), corta en rodajas solo la mitad inferior del corazón e incorpóralo a la ensalada con las hojas también cortadas en lonchas finas.

Retira las tostadas, ponlas en una tabla bonita para servir, frótalas con medio ajo y luego con un tomate; esparce orégano por encima y una cucharadita de aceite de oliva extra virgen • Corta la guindilla en rodajas finas, pasa la tortilla a la tabla, esparce la guindilla y el queso feta desmenuzado por encima y sírvela con la ensalada, que habrá que remover en el último minuto.

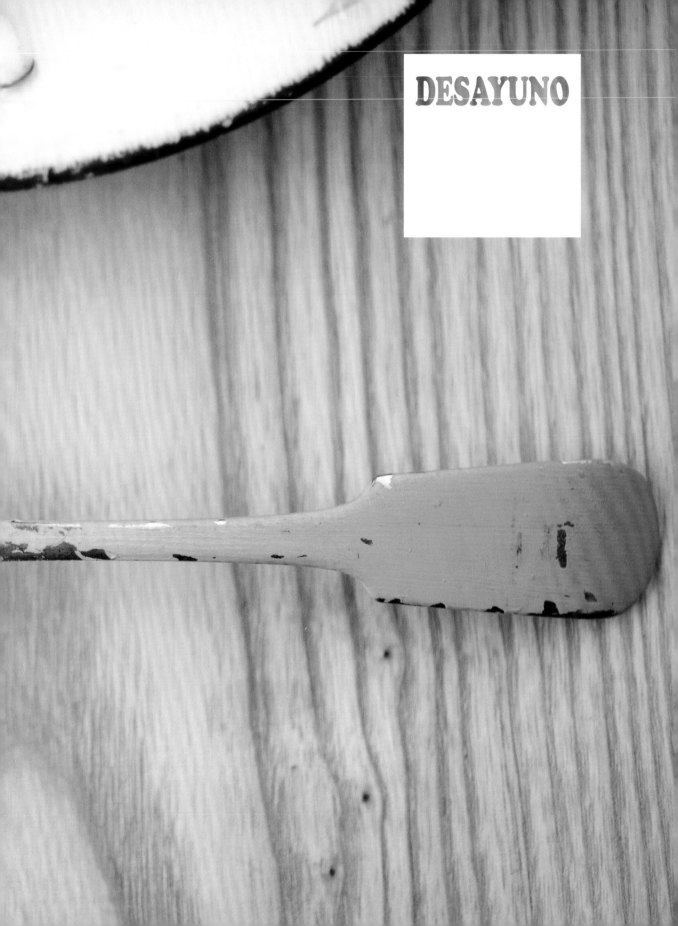

DESAYUNO

MAÍZ TIERNO Y GUINDILLA

4 RACIONES | 477 CALORÍAS

Tortitas

1 taza de harina con levadura

1 huevo grande

1 taza de leche semidesnatada

1 guindilla verde fresca

40 g de queso cheddar

1 puñado de maíz congelado

aceite de oliva

Cobertura

4 tomates maduros

1 aguacate maduro

1 lima

½ manojo de cilantro fresco

8 lonchas de panceta ahumada

jarabe de arce

4 cucharadas de yogur natural
    desnatado

salsa de guindilla Lingham's

Este es un desayuno estupendo para el fin de semana: te hará sonreír, te pondrá en marcha y te dejará realmente satisfecho. El impacto de la guindilla te despertará mejor que cualquier café espresso, créeme.

PONTE A COCINAR

Bate la harina, el huevo y la leche en un cuenco con un pellizco de sal hasta obtener una mezcla suave • Corta la guindilla en rodajas finas, ralla el queso y añade ambos a la mezcla, así como el maíz • Trocea los tomates y el aguacate pelado y sin hueso, y aderézalos con el zumo de media lima, las hojas del cilantro, sal y pimienta.

Saltea la panceta en una sartén mediana a fuego medio o bajo, dándole la vuelta cuando esté crujiente y dorada • Échale un chorrito de jarabe de arce, glaséala 20 segundos y luego apártala del fuego • Pon una cucharadita de aceite en una sartén pequeña, ponla a fuego medio, vierte una cucharada de la pasta y extiéndela hasta los bordes • Dale la vuelta cuando esté dorada y pásala a un plato cuando esté hecha.

Pon una cuarta parte de la cobertura y de la panceta sobre la tortita y sírvela acompañada de una buena cucharada de yogur, una cuña de lima y salsa de chile si te gusta con garra • Repite con los ingredientes restantes y sirve las cuatro tortitas cuando estén listas.

TOSTADAS CON AGUACATE
DE CUATRO MODOS

AGUACATE CON HUEVO

1 RACIÓN | 269 CALORÍAS

Pon agua a hervir • Haz una tostada • Pon una sartén pequeña a fuego vivo, llénala con agua hirviendo y añade un pellizco de sal • Mientras remueves el agua con un tenedor, echa un huevo superfresco y póchalo a tu gusto • Pela medio aguacate y quítale el hueso • Corta un tomate cherry maduro por la mitad y frótalo sobre la tostada; luego echa un chorrito de aceite de oliva extra virgen por encima • Extiende el aguacate por encima y esparce unas rodajas de guindilla roja fresca • Pon el huevo sobre el aguacate, revienta la yema y sazona al gusto.

AGUACATE CON PANCETA CRUJIENTE

1 RACIÓN | 268 CALORÍAS

Fríe 3 lonchas de panceta en una plancha caliente, con una rebanada de pan al lado para que absorba el sabor de la grasa • Pela medio aguacate y quítale el hueso • Dale la vuelta a la tostada y, con un tenedor, extiende el aguacate por encima hasta los bordes • Añade un pellizco de sal y pimienta, un chorrito de zumo de lima o de limón, un poco de guindilla cortada a rodajas y 4 hojas de albahaca frescas, y sírvelo con la panceta crujiente encima.

AGUACATE Y JAMÓN AHUMADO

1 RACIÓN | 256 CALORÍAS

Tuesta una rebanada de pan • Rocíala con una cucharadita de aceite de oliva y ponle encima una rodaja de tomate maduro y una loncha de jamón cocido ahumado • Pela medio aguacate y quítale el hueso, y ponlo por encima, con un pellizco de sal y pimienta y un chorrito de limón o de lima y otro de aceite • Con un pelador corta unos 10 g de escamas de queso emmental y échalas por encima, con cuatro hojas de albahaca frescas.

AGUACATE Y SALMÓN AHUMADO

1 RACIÓN | 303 CALORÍAS

Tuesta una rebanada de pan • Rocíala con una cucharadita de aceite de oliva extra virgen y pon encima 35 g de salmón ahumado • Con una cucharilla, ve poniendo «bombitas» de queso cremoso (25 g en total) por encima • Coge medio aguacate sin hueso y, con una cucharilla, ve sacando bolitas de pulpa y poniéndolas sobre la tostada • Echa un poco de ralladura de limón por encima, añade un chorro de zumo de limón y un pellizco de pimienta.

EL REGRESO DE LA SANDWICHERA
(1.ª PARTE: EL PARAÍSO DEL BOCADILLO CALIENTE)

1 RACIÓN | 384 CALORÍAS

2 cebollinos frescos
2 rebanadas de pan
2 lonchas de salmón ahumado
1 huevo grande
10 g de queso cheddar

SALMÓN AHUMADO Y HUEVO

Pica los cebollinos • Pon una rebanada en la sandwichera y añade el salmón ahumado encima, en un círculo, dejando un hueco en el centro donde pondrás el huevo • Echa el cebollino picado por encima, el cheddar rallado y sazona con sal y pimienta • Coloca la segunda rebanada con cuidado y tuesta el sándwich.

1 RACIÓN | 310 CALORÍAS

2 rebanadas de pan
1 tomate maduro
30 g de queso feta
¼ de aguacate
2 pellizcos de orégano

A LA GRIEGA

Pon una rebanada en la sandwichera, y encima el tomate en rodajas • Desmenuza el queso feta y échalo encima • Pela y trocea el aguacate, amontónalo encima y espolvorea un pellizco de orégano • Coloca la segunda rebanada de pan, decora con el resto de orégano y tuesta el sándwich.

¡VIVA LA SANDWICHERA!
(2.ª PARTE: MÁS OPCIONES CALENTITAS)

---

2 rebanadas de pan
25 g de queso cheddar
3 champiñones
1 puñadito de rúcula
¼ de limón
20 g de chorizo curado

QUESO Y CHAMPIÑONES

Pon una rebanada de pan en la sandwichera y ralla encima el queso • Corta los champiñones en rodajas y disponlos encima • Trocea la rúcula, alíñala con el zumo de limón y añádela al sándwich, y tápalo con la segunda rebanada • Corta el chorizo a lonchas finas, ponlo de cobertura, cierra bien para que se pegue al pan y tuesta el sándwich.

25 de queso ricotta
1 cucharadita colmada de miel ligera
20 g de chocolate fondant (70 % de sólidos de cacao)
1 plátano pequeño
2 rebanadas de pan

TRAVESURA DULCE

Deshaz la ricotta batiéndola con la miel, tritura el chocolate y pela y trocea el plátano • Pon una rebanada de pan en la sandwichera y extiende la ricotta por encima • Añade el plátano y esparce el chocolate • Pon la segunda rebanada de pan encima y tuesta el sándwich.

GRANOLA DE LUJO
LEVANTA, DESAYUNA Y A LA CALLE

PARA 3 FRASCOS DE 1 LITRO | 332 CALORÍAS

Granola

100 g de nueces de Brasil
100 g de nueces peladas
100 g de pistachos pelados
100 g de pipas de calabaza
100 g de pipas de girasol
100 g de semillas de sésamo
500 g de copos de avena
40 g de coco desecado
1 cucharadita de canela molida
75 g de cerezas amargas
250 g de orejones

Para servir

jarabe de arce
leche o yogur natural desnatado

Sugiero comprar un gran lote de ingredientes como los de la lista que doy aquí al lado, mezclarlo todo y coger un puñado por persona cada vez que lo necesites: te durará meses. A mí me encanta combinado con arándanos frescos o granos de granada.

PONTE A COCINAR

Machaca un poco las semillas y los frutos secos en un mortero o pícalos con el robot de cocina: a mí me gusta encontrar diferentes texturas • Mézclalos con los copos de avena, el coco y la canela.

Ahora puedes elegir: puedes mezclarlo con las cerezas y los orejones troceados y envasarlo directamente en frascos herméticos para tostarlo cuando lo desees, o puedes echarlo sobre un par de bandejas grandes y tostarlo en el horno precalentado a 180° (posición 4) hasta que quede dorado, removiendo de vez en cuando • Déjalo enfriar, añade las cerezas y los orejones troceados y luego envasa la mezcla en frascos herméticos hasta el momento de comerla.

Si quieres tostarlo en el momento en que te lo vayas a comer, puedes simplemente poner una sartén a fuego medio y echar un puñado de granola (unos 50 g) por persona • Tuéstalo unos 3 minutos, removiendo a menudo para que adquiera sabor a tostado y una textura crujiente, que se dore y huela delicioso • Añade una buena cucharada de jarabe de arce por persona y deja que quede pegajoso; luego sírvelo con leche caliente o fría o yogur, y con frutas frescas de temporada, si te apetece.

LA ESPLÉNDIDA MACEDONIA
DEL RALLADOR

4 RACIONES | 91 CALORÍAS

Miel al sésamo

1 puñado de semillas de sésamo
½ frasco pequeño de miel ligera

Fruta madura

1 pera
1 nectarina
1 puñado de fresas
1 plátano
1 manzana

Aderezo

1 naranja o 1 lima
un par de ramitas de menta fresca

Para servir

yogur natural desnatado

Este delicioso desayuno es de lo más simple, pero que eso no lleve a engaño. Es vistoso, sabroso y la acción de frotar y rallar las frutas ayuda a sacar todos sus azúcares naturales, creando un licor que las deja brillantes y jugosas. Eso, combinado con la miel de sésamo templada, crea un efecto increíble. No dejes de probarlo.

PONTE A COCINAR

Tuesta las semillas de sésamo en una sartén seca, removiéndolas a menudo hasta que estén doradas • Mézclalas con la miel, y luego calienta la mezcla en el microondas (a 800 W) unos 20 segundos antes de usarla • Guarda el resto para otro día: está deliciosa y dura mucho.

Pon un rallador sobre una bandeja y, con movimientos largos, ralla toda la fruta usando los orificios más grandes, trozo a trozo: puedes usar cualquier fruta consistente con hueso, como ciruelas, melocotones y nectarinas; pero también peras y manzanas o hasta fresas y plátano • Levanta con cuidado el rallador, dejando caer un estupendo montón de fruta rallada • Exprime la naranja o la lima y vierte el zumo por encima, con 2 cucharadas de miel al sésamo • Trocea las hojas de menta y espárcelas también por encima, y sirve acompañado de yogur natural.

QUESO BLANCO ENDULZADO

En este caso se trata de obtener interesantes combinaciones de ingredientes sencillos para elaborar un desayuno al instante. Una porción de 50 g de queso endulzado por persona es más que suficiente, y si no sois seis en casa, puedes guardarlo en la nevera un par de días.

PONTE A COCINAR

En un cuenco, mezcla una cucharada de miel ligera y una cucharadita colmada de pasta de vainilla con 300 g de queso blanco o requesón (también queda delicioso con yogur griego) • Aligera la mezcla con un chorro de leche en caso necesario y remueve; luego reparte la mezcla en los platos o cuencos • Por encima puedes poner estupenda fruta fresca a trozos (mango, fresas o sandía, por ejemplo), un chorrito de zumo de lima y unos frutos secos troceados o machacados, como nueces de Brasil, almendras o pistachos.

SÚPER-SMOOTHIES
CUATRO MODOS DE EMPEZAR EL DÍA CON ENERGÍA

Puedes elaborar todos estos smoothies con fruta fresca, pero a mí lo que me gusta es envasar combinaciones de fruta y congelarlas con antelación, con lo que elimino la necesidad de añadir hielo. Así además obtienes un smoothie más denso e incluso más delicioso que te aportará toda la fuerza necesaria y te despertará.

En los supermercados encontrarás una fruta congelada estupenda, pero en el caso de los plátanos o de la fruta de temporada, vale la pena coger la costumbre de envasarlos en casa y congelarlos uno mismo. Con pensar en ello dos minutos al día se ahorrará tiempo cada mañana durante un mes, lo que significa que tendrás algo apetecible en el congelador y que incluso ahorrarás dinero —si tienes fruta a punto de pasarse y no te la vas a comer, puedes congelarla antes de que se estropee.

VERDE
146 CALORÍAS

En una licuadora, bate un plátano grande pelado (mejor aún si está troceado y congelado previamente) con 200 g de espinacas verdes, 250 ml de zumo de manzana fresco y el zumo de una lima.

MORADO
100 CALORÍAS

Trocea 2 peras (sin tallo), bátelas en la licuadora con 150 g de arándanos congelados y 100 ml de zumo de manzana fresco hasta obtener una mezcla homogénea.

NARANJA
113 CALORÍAS

Pela y ralla un trozo de 2 cm de jengibre y échalo en el vaso de la licuadora • Pela, limpia y trocea una zanahoria y añádela, con el zumo de 1 lima • Añade también un mango pequeño congelado y troceado y 200 ml de zumo de naranja, y bate bien.

BLANCO
340 CALORÍAS

En la licuadora, bate 1 plátano grande pelado (mejor aún si está troceado y congelado previamente) con 3 cucharadas de almendra molida, 250 ml de leche semidesnatada y 1 cucharada de miel ligera.

BEAUTIFUL THINGS HAPPEN WHEN YOU SMILE

ONLY AFTER THE LAST TREE HAS BEEN CUT DOWN,
ONLY AFTER THE LAST RIVER HAS BEEN POISONED,
ONLY AFTER THE LAST FISH HAS BEEN CAUGHT,
ONLY THEN WILL YOU FIND THAT MONEY CANNOT BE EATEN.

UNA NOTA SOBRE NUTRICIÓN
POR LAURA PARR, NUTRICIONISTA JEFE DE JAMIE

JAMIE Y YO HEMOS TRABAJADO JUNTOS EN ESTE LIBRO PARA CREAR RECETAS CON LAS QUE CREAR UNAS COMIDAS RICAS Y SANAS, PERO SIN SACRIFICAR EL SABOR. ESTE NO ES UN LIBRO DE DIETAS, PERO LAS RECETAS SE HAN ESCRITO CON GRAN CUIDADO, BUSCANDO UN EQUILIBRIO ENTRE HIDRATOS DE CARBONO, FRUTAS Y/O VERDURAS, LÁCTEOS Y PROTEÍNAS, CON ALGÚN TOQUE DE PERMISIVIDAD AQUÍ Y ALLÁ (¡AL FIN Y AL CABO, ES LA VIDA!).

En Reino Unido todos los alimentos se clasifican en los cinco grupos siguientes:

- fruta y verduras
- hidratos de carbono con almidones, como el pan, el arroz, las patatas o la pasta
- carne, pescado, huevos, legumbres y otras fuentes de proteínas no lácteas
- leche y lácteos
- alimentos y bebidas ricos en grasas y/o azúcares

Es esencial encontrar el equilibrio ideal entre los alimentos y las bebidas que consumimos diariamente de cada uno de estos grupos. En una comida típica, deberíamos intentar que un tercio fuera fruta y verdura y otro tercio hidratos de carbono, y repartir el tercio restante entre proteínas, lácteos y una pequeña cantidad de alimentos ricos en grasas y/o azúcares. Eso es lo que hemos intentado conseguir en la mayoría de estas recetas.

Darse algún capricho es parte de la vida, pero también es importante saber reconocer cuándo estamos llevando las cosas demasiado lejos, para poder recuperar el equilibrio en otras comidas y volver al buen camino. Cuando comemos y bebemos, introducimos energía (calorías) en nuestro cuerpo, y saber la cantidad de calorías que consumimos es un modo de controlar nuestra ingesta para intentar mantener un peso sano. Hemos indicado el contenido en calorías por ración de cada una de las recetas

de este libro para animarte a que empieces a pensar en cómo ajustarlas en régimen de ingesta calórica diaria. Por norma general, el hombre medio necesita unas 2.500 calorías diarias y la mujer unas 2.000 calorías diarias.

Comiendo una gran variedad de alimentos tendrás más oportunidades de conseguir todos los nutrientes necesarios. Así que cuando vayas a preparar los platos de este libro, combina las recetas que elijas, escogiéndolas de diferentes capítulos. Por supuesto, tendrás tus favoritas, pero intenta variar —quizá tomando pescado en la comida principal del día un par de veces por semana, preparando una receta sin carne uno o dos días y luego ir variando entre buey, cerdo, cordero y pollo el resto de días.

Si tienes la sensación de que te iría bien hacer unos cuantos cambios, aquí tienes algunos consejos generales que te ayudarán a llevar un estilo de vida más sano. Úsalos como guía básica de actuación y estarás cerca de una vida más sana:

- Usa como base de tus comidas alimentos con almidones: incluye un tercio de patatas, pasta, arroz, quinoa, cuscús o pan.
- Come mucha fruta y verdura, ya que te aportan vitaminas y minerales esenciales.
- Come más pescado, y procura comer pescado graso una vez por semana.
- Reduce la ingesta de grasas saturadas y azúcar.
- Intenta comer menos sal: prueba la comida antes de sazonarla, ya que siempre puedes añadir más sal, pero no puedes quitársela. Y no te olvides de que muchos alimentos ya llevan sal de por sí.
- Bebe mucha agua.
- No te saltes el desayuno.
- Mantén la máxima actividad posible y un peso sano.

¡Y sobre todo, disfruta las recetas de este libro!

No olvides que es esencial equilibrar la cantidad que comes con tu nivel de actividad; cada persona tiene unas necesidades nutricionales diferentes según la edad, el sexo y el estilo de vida.

KCAL 795	GRASAS 16,4g
AZÚCARES 6,2g	GRASAS SAT. 6,4g

24

KCAL 607	GRASAS 19,9g
AZÚCARES 13,3g	GRASAS SAT. 3,7g

26

KCAL 651	GRASAS 18,4g
AZÚCARES 17,8g	GRASAS SAT. 4,0g

28

KCAL 557	GRASAS 22,5g
AZÚCARES 4,4g	GRASAS SAT. 3,3g

30

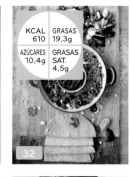

KCAL 610	GRASAS 19,3g
AZÚCARES 10,4g	GRASAS SAT. 4,5g

32

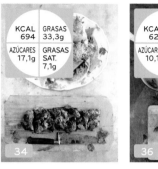

KCAL 694	GRASAS 33,3g
AZÚCARES 17,1g	GRASAS SAT. 7,1g

34

KCAL 625	GRASAS 15,2g
AZÚCARES 10,1g	GRASAS SAT. 5,0g

36

KCAL 683	GRASAS 19,9g
AZÚCARES 10,9g	GRASAS SAT. 4,3g

38

KCAL 455	GRASAS 11,1g
AZÚCARES 12,9g	GRASAS SAT. 3,1g

40

KCAL 607	GRASAS 28,1g
AZÚCARES 11,5g	GRASAS SAT. 9,4g

42

KCAL 656	GRASAS 23,5g
AZÚCARES 10,7g	GRASAS SAT. 8,5g

44

KCAL 617	GRASAS 22,0g
AZÚCARES 16,8g	GRASAS SAT. 5,0g

46

KCAL 666	GRASAS 26,7g
AZÚCARES 11,1g	GRASAS SAT. 8,0g

48

KCAL 476	GRASAS 15,2g
AZÚCARES 10,3g	GRASAS SAT. 4,7g

50

KCAL 616	GRASAS 14,3g
AZÚCARES 12,3g	GRASAS SAT. 3,2g

52

KCAL 738	GRASAS 30,9g
AZÚCARES 10,5g	GRASAS SAT. 6,5g

54

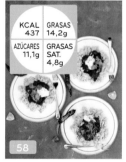

KCAL 437	GRASAS 14,2g
AZÚCARES 11,1g	GRASAS SAT. 4,8g

58

KCAL 532	GRASAS 23,8g
AZÚCARES 16,6g	GRASAS SAT. 7,1g

60

KCAL 625	GRASAS 21,1g
AZÚCARES 10,9g	GRASAS SAT. 5,5g

62

KCAL 653	GRASAS 23,9g
AZÚCARES 5,9g	GRASAS SAT. 5,2g

64

KCAL 706	GRASAS 21,1g
AZÚCARES 9,1g	GRASAS SAT. 7,6g

66

KCAL 585	GRASAS 23,9g
AZÚCARES 6,4g	GRASAS SAT. 5,0g

68

KCAL 593	GRASAS 13,7g
AZÚCARES 14,2g	GRASAS SAT. 3,6g

70

KCAL 613	GRASAS 23,8g
AZÚCARES 7,3g	GRASAS SAT. 8,9g

72

KCAL 556	GRASAS 20,6g
AZÚCARES 12,3g	GRASAS SAT. 5,5g

74

76	78	80	82	84
KCAL 545 / GRASAS 23,8g / AZÚCARES 3,8g / GRASAS SAT. 5,5g	KCAL 576 / GRASAS 19,4g / AZÚCARES 7,8g / GRASAS SAT. 6,7g	KCAL 558 / GRASAS 19,4g / AZÚCARES 11,5g / GRASAS SAT. 6,3g	KCAL 445 / GRASAS 22,8g / AZÚCARES 8,0g / GRASAS SAT. 7,3g	KCAL 614 / GRASAS 24,8g / AZÚCARES 11,9g / GRASAS SAT. 7,2g

88	90	92	94	96
KCAL 582 / GRASAS 22,4g / AZÚCARES 8,8g / GRASAS SAT. 6,3g	KCAL 611 / GRASAS 22,9g / AZÚCARES 22,4g / GRASAS SAT. 5,7g	KCAL 582 / GRASAS 28,6g / AZÚCARES 7,5g / GRASAS SAT. 7,2g	KCAL 685 / GRASAS 21,7g / AZÚCARES 16,8g / GRASAS SAT. 4,8g	KCAL 641 / GRASAS 23,2g / AZÚCARES 14,6g / GRASAS SAT. 5,4g

98	102	104	106	108
KCAL 578 / GRASAS 20,3g / AZÚCARES 4,6g / GRASAS SAT. 6,5g	KCAL 632 / GRASAS 13,9g / AZÚCARES 8,4g / GRASAS SAT. 5,4g	KCAL 687 / GRASAS 25,0g / AZÚCARES 14,2g / GRASAS SAT. 7,4g	KCAL 650 / GRASAS 21,9g / AZÚCARES 13,5g / GRASAS SAT. 8,0g	KCAL 587 / GRASAS 16,9g / AZÚCARES 13,8g / GRASAS SAT. 7,3g

110	112	114	118	120
KCAL 523 / GRASAS 22,2g / AZÚCARES 10,1g / GRASAS SAT. 6,6g	KCAL 538 / GRASAS 21,5g / AZÚCARES 8,5g / GRASAS SAT. 9,9g	KCAL 525 / GRASAS 29,0g / AZÚCARES 13,1g / GRASAS SAT. 8,1g	KCAL 629 / GRASAS 16,4g / AZÚCARES 4,6g / GRASAS SAT. 6,4g	KCAL 396 / GRASAS 13,1g / AZÚCARES 15,1g / GRASAS SAT. 3,7g

122	124	126	128	130
KCAL 457 / GRASAS 13,4g / AZÚCARES 6,4g / GRASAS SAT. 1,7g	KCAL 458 / GRASAS 11,6g / AZÚCARES 5,3g / GRASAS SAT. 1,3g	KCAL 559 / GRASAS 19,5g / AZÚCARES 8,8g / GRASAS SAT. 3,4g	KCAL 525 / GRASAS 19,6g / AZÚCARES 16,6g / GRASAS SAT. 3,6g	KCAL 407 / GRASAS 21,0g / AZÚCARES 17,0g / GRASAS SAT. 4,2g

132
| KCAL 491 | GRASAS 20,9g |
| AZÚCARES 8,5g | GRASAS SAT. 4,5g |

134
| KCAL 489 | GRASAS 11,8g |
| AZÚCARES 8,3g | GRASAS SAT. 1,7g |

136
| KCAL 611 | GRASAS 21,5g |
| AZÚCARES 15,6g | GRASAS SAT. 2,1g |

138
| KCAL 603 | GRASAS 17,9g |
| AZÚCARES 6,5g | GRASAS SAT. 7,0g |

140
| KCAL 569 | GRASAS 32,7g |
| AZÚCARES 7,3g | GRASAS SAT. 7,7g |

142
| KCAL 549 | GRASAS 18,8g |
| AZÚCARES 15,7g | GRASAS SAT. 2,7g |

144
| KCAL 441 | GRASAS 19,1g |
| AZÚCARES 7,9g | GRASAS SAT. 5,6g |

146
| KCAL 474 | GRASAS 14,2g |
| AZÚCARES 7,6g | GRASAS SAT. 2,9g |

148
| KCAL 431 | GRASAS 11,7g |
| AZÚCARES 13,7g | GRASAS SAT. 1,8g |

150
| KCAL 633 | GRASAS 20,8g |
| AZÚCARES 14,3g | GRASAS SAT. 5,9g |

152
| KCAL 452 | GRASAS 17,9g |
| AZÚCARES 8,6g | GRASAS SAT. 5,6g |

154
| KCAL 516 | GRASAS 17,3g |
| AZÚCARES 9,9g | GRASAS SAT. 2,2g |

156
| KCAL 648 | GRASAS 22,4g |
| AZÚCARES 4,2g | GRASAS SAT. 7,8g |

158
| KCAL 565 | GRASAS 22,8g |
| AZÚCARES 14,1g | GRASAS SAT. 3,2g |

160
| KCAL 446 | GRASAS 8,8g |
| AZÚCARES 11,4g | GRASAS SAT. 1,5g |

162
| KCAL 680 | GRASAS 26,2g |
| AZÚCARES 17,2g | GRASAS SAT. 4,3g |

164
| KCAL 399 | GRASAS 20,7g |
| AZÚCARES 12,0g | GRASAS SAT. 5,5g |

166
| KCAL 634 | GRASAS 22,8g |
| AZÚCARES 10,1g | GRASAS SAT. 6,7g |

168
| KCAL 504 | GRASAS 21,3g |
| AZÚCARES 7,8g | GRASAS SAT. 2,3g |

172
| KCAL 581 | GRASAS 27,3g |
| AZÚCARES 5,4g | GRASAS SAT. 5,4g |

174
| KCAL 673 | GRASAS 18,1g |
| AZÚCARES 8,7g | GRASAS SAT. 3,0g |

176
| KCAL 622 | GRASAS 21,5g |
| AZÚCARES 16,4g | GRASAS SAT. 6,6g |

178
| KCAL 603 | GRASAS 26,4g |
| AZÚCARES 9,5g | GRASAS SAT. 8,3g |

180
| KCAL 635 | GRASAS 17,7g |
| AZÚCARES 15,8g | GRASAS SAT. 4,6g |

182
| KCAL 553 | GRASAS 20,4g |
| AZÚCARES 7,3g | GRASAS SAT. 4,0g |

| KCAL 725 | GRASAS 35,4g |
| AZÚCARES 4,7g | GRASAS SAT. 7,6g |
238

| KCAL 696 | GRASAS 23,2g |
| AZÚCARES 14,1g | GRASAS SAT. 6,9g |
240

| KCAL 468 | GRASAS 28,8g |
| AZÚCARES 8,6g | GRASAS SAT. 5,4g |
242

| KCAL 477 | GRASAS 17,0g |
| AZÚCARES 11,7g | GRASAS SAT. 6,1g |
246

| KCAL 269 | GRASAS 17,9g |
| AZÚCARES 2,2g | GRASAS SAT. 3,9g |
248

| KCAL 268 | GRASAS 18,7g |
| AZÚCARES 2,1g | GRASAS SAT. 4,7g |
248

| KCAL 256 | GRASAS 15,3g |
| AZÚCARES 2,4g | GRASAS SAT. 4,3g |
248

| KCAL 303 | GRASAS 19,5g |
| AZÚCARES 2,8g | GRASAS SAT. 5,1g |
248

| KCAL 384 | GRASAS 16,6g |
| AZÚCARES 1,8g | GRASAS SAT. 5,3g |
250

| KCAL 310 | GRASAS 11,9g |
| AZÚCARES 4,8g | GRASAS SAT. 5,4g |
250

| KCAL 372 | GRASAS 17,8g |
| AZÚCARES 2,2g | GRASAS SAT. 8,6g |
252

| KCAL 387 | GRASAS 12,5g |
| AZÚCARES 33,7g | GRASAS SAT. 7,2g |
252

| KCAL 332 | GRASAS 17,2g |
| AZÚCARES 16,1g | GRASAS SAT. 4,2g |
254

| KCAL 91 | GRASAS 0,6g |
| AZÚCARES 17,5g | GRASAS SAT. 0,1g |
256

| KCAL 189 | GRASAS 9,4g |
| AZÚCARES 12,9g | GRASAS SAT. 1,9g |
258

| KCAL 146 | GRASAS 1,1g |
| AZÚCARES 26,2g | GRASAS SAT. 0,2g |
260

| KCAL 100 | GRASAS 0,4g |
| AZÚCARES 18,3g | GRASAS SAT. 0,0g |
260

| KCAL 113 | GRASAS 0,5g |
| AZÚCARES 20,8g | GRASAS SAT. 0,1g |
260

| KCAL 340 | GRASAS 19,0g |
| AZÚCARES 24,8g | GRASAS SAT. 2,7g |
260

La información nutricional presentada en este libro se basa en datos teóricos.
Los valores nutricionales pueden variar con respecto a los publicados.
El tamaño de las raciones se basa en las recomendaciones de las recetas.

Gracias

Quiero empezar dando las gracias a unos cuantos amigos muy queridos con los que trabajo habitualmente. La mayoría de las personas que he elegido para que trabajaran conmigo en este libro llevan haciéndolo muchísimo tiempo, ¡aunque por supuesto siempre hay jóvenes y nuevas incorporaciones! Somos un equipo unido, y tanto los brillantes colaboradores que me ayudan en la creación de estos libros como el fantástico personal que me organiza la vida o los solícitos equipos de TV que hacen mis programas ponen un entusiasmo y una energía tremendos en todo lo que hacemos juntos. Así que estos son mis sentidos agradecimientos:

A mi querida familia, incluido Gennaro, por supuesto, por vuestro amor y dedicación inquebrantables, gracias.

- - - - - - - - - - - - - - - - - -

A David, o Lord Admiral, Loftus: ¡qué fotografías tan estupendas, hermano! Como siempre, te has lucido. Todo mi cariño.

UNA PANDILLA CON TALENTO

Muchísimas gracias y todo mi cariño a mi increíble equipo de cocina: son un grupo de cocineros, estilistas, editores y nutricionistas magníficos, brillantes, con talento e increíblemente trabajadores. Vosotros os aseguráis de que todos mis sueños se vuelvan realidad, y vuestro compromiso inquebrantable para con la empresa de crear los mejores y más fiables libros de cocina nunca falla. A los gastrónomos y estilistas: Ginny Rolfe, la «mamá gallina», y Sarah «Tiddles» Tildesley, muchas gracias por todo. A mi hermana griega Georgie Socratous, gracias y que Dios te bendiga. Christina «Boochie» MacKenzie, gracias por aguantar mis exabruptos; Phillippa Spence, haces un trabajo excelente dando color a mis mejillas; y mi fantástica diplomada Jodene Jordan, a mi plátano brasileño Almir Santos y la encantadora y trabajadora Amy Cox: gracias, chicos. Un «bravo» para Barnaby Purdy por su energía creativa y a Becky Bax por su ayuda con las fotografías. Y un beso enorme a Abigail «Scottish» Fawcett por su gran ayuda y por probar las recetas.

- - - - - - - - - - - - - - - - - -

A mis increíbles compañeros de la oficina: Pete Begg ♪ así lo llaman, lo llaman, lo llaman, lo llaman... AP ♪ Y las espléndidas Claire Postans, Jo Lord, Helen Martin y Bobby Sebire. Me dais siempre un apoyo increíble y hacéis que el equipo avance. Muchísimas gracias a mis ninjas de la nutrición —Laura «***** ninja» Parr y Mary Lynch—: excelente trabajo, chicas.

A mis fantásticas chicas de las palabras: Rebecca «Rubs» Walker, mi NUEVA editora, gracias por un trabajo absolutamente brillante. Gracias también al resto de mi equipo editorial, a Bethan O'Connor —con cabello liso o rizado— y a Malou Herkes. Y, por supuesto, a Katie Bosher, mi Exeditora: gracias por todo. Tú iniciaste este viaje con nosotros en Londres, y nos has ayudado a acabarlo desde el otro extremo del mundo.

GRACIAS POR VUESTRA ENTREGA

Mi agradecimiento y todo mi cariño a mis fantásticos editores de Penguin, que no han fallado ni una sola vez en los últimos 15 años. A Tom Weldon, buen amigo y gran jefazo de Penguin, gracias por todo tu apoyo. Al brillante director creativo de Penguin, John Hamilton, gracias por tu orientación a lo largo de todos los libros: nos lo seguimos pasando estupendamente, colega. Gracias a Louise Moore y Lindsey Evans. A las mujeres de producción —Juliette Butler y Janis Barbi—: los niveles de tensión que soportáis y el nivel de vuestro trabajo son impresionantes. Y gracias también al resto del maravilloso equipo: Tamsin English, Claire Purcell, Jo Wickham, Clare Pollock, Elizabeth Smith, Chantal Noel, Kate Burton, Lucy Beresford-Knox, Nathan Hull, Naomi Fidler, y Anna Derkacz. Por último, quiero dar también las gracias a Nick Lowndes y su equipo de encantadoras editoras, correctoras e indexadoras: Annie Lee, Caroline

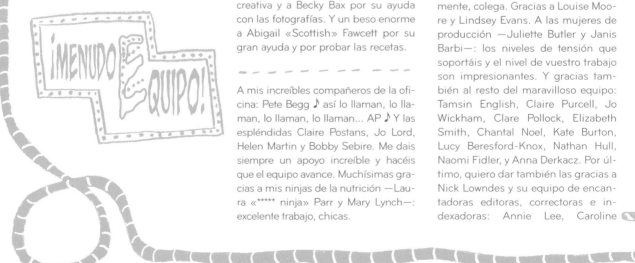

¡MENUDO EQUIPO!

Pretty, Pat Rush, Shauna Bartlett y Caroline Wilding. Gracias por ser tan fantásticos, diligentes, cuidadosos, brillantes e inteligentes, por soportar mis manías obsesivas, mis cambios y mis transgresiones con el inglés, y gracias por trabajar en tan estrecha colaboración con mis redactoras: ¡Qué equipo formamos todos juntos!

Muchísimas gracias a la gente maravillosa de Interstate: Jayne Connell, Lucy Self, Christina Beani, Louise Draper, Nigel Gray, Iain Hutchinson, Brian Simpson y Ben Watts. Siempre es un placer trabajar con vosotros, y como siempre me encantan vuestros preciosos diseños, limpios y frescos. Gracias por ayudarme a hacer que esto quede tan bien (interstateteam.com).

Gracias a la gente de Superfantastic —Simon Collins, James Verity y Rachael Ball Risk—, que hicieron la cubierta. Un trabajo excelente. Siempre es divertido trabajar con vosotros, chicos (wearesuperfantastic.com).

Vítores y aplausos a mi director general, John Jackson, a la directora ejecutiva Tara Donovan y a mi ayudante/the matrix/la viuda negra/the Theydon tongue, Louise Holland, por su increíble apoyo. Muchísimas gracias a mi equipo personal: Richard Herd, Holly Adams, Amelia Crook, Sy Brighton, Beth Powell y Paul Rutherford. Chicos, vosotros ponéis orden en el caos que es mi vida y, sobre todo, hacéis posible que me quede tiempo para mi familia, y también para concentrarme en mis libros y en todo lo que les rodea. Gracias también a Therese McDermott, mi directora de RR.PP., a Peter Berry y a la encantadora Louisa James, de marketing, por toda su ayuda. Y al resto de la gente de mis oficinas, muchísimas gracias por el duro trabajo que hacéis diariamente para mí.

Un equipo muy unido

ahora, a toda la gente de Fresh One Productions... la mitad de vosotros lleváis mucho tiempo conmigo y la otra mitad sois colaboradores autónomos, pero todos tenéis un talento increíble. En primer lugar muchísimas gracias a Zoe Collins, Roy Ackerman y Jo Ralling, que son el corazón de Fresh One y son personas de gran talento e inteligencia. Hemos construido Fresh One juntos y es una productora independiente británica realmente brillante, con corazón y alma y un nivel enorme, lo que me enorgullece enormemente. Gracias a Nicola Pointer, Mike Matthews y Emily Taylor, los más maravillosos y brillantes productor, director y productor ejecutivo que existen, por todo su apoyo. Seguir mi ritmo y hacer todo lo que hacéis es algo fenomenal: os lo agradezco muchísimo. Gracias también al resto del estupendo equipo de producción: Nicola Georgiou, Gudren Claire, Katie Millard, Nicola Hartley, Shuo Huang, Kathryn Inns, Kirsten Hemingway, Dee Driscoll y Joseph Spiteri-Paris.

UN GRUPITO MAGNÍFICO

A Luke Cardiff, un increíble cámara, y al técnico de iluminación Mike Sarah —lleváis conmigo desde el primer día de *El chef al desnudo* y valoro muchísimo todo lo que hago con vosotros—. Y al resto del fantástico equipo de cámaras y técnicos, que son gente estupenda y de gran talento: Dave Miller, Jonathan Dennis the jib, Simon Weekes, los ayudantes de cámara Pete Bateson y Mihalis Margaritis, el grip Andy Young, Crispin Larratt y Godfrey Kirby, de sonido, Paul Casey, Matt Cardiff, Sean Webb, Louise Harris, Steffen Vala y Joe «son of Mike» Gavshon-Sarah. Mención destacada para el equipo de Timeslice y su enorme cámara con plataforma. Muchas gracias al incansable equipo de montaje: Jen Cockburn, Tony Graynoth, Dan James, Dan Goldthorp, Steve Flatt, Barbara Graham, Joanna Ros-

¡NOS ENCANTA!

Este libro está muy vinculado a la serie de TV, así que muchísimas gracias a Jay Hunt, director de Channel 4, y a su jefe de programas David Sayer, por su brillantez, por confiar en mí y por dejarme seguir con esto. Gracias a Tim y Sarah Mead y a su gente, y a Emma Evison, John Artley y el resto de su equipo por ayudarme a integrarlo todo.

Gracias a Maria Comparetto, que se encarga de que salga presentable en estas fotos, y a las encantadoras Julie Akeroyd y Lima O'Donnell. También, por supuesto, a los tres Gavins y a Frank, que se encargaron de que el personal estuviera estupendamente alimentado y que hicieron un trabajo increíble (mobilemouthful.com). Y gracias a Zoot y Steve por toda vuestra ayuda.

BIEN HECHO, CHICOS

ÍNDICE

Las recetas marcadas con una v son aptas para vegetarianos